RE-ENFÓKATE

*30 historias que cambiarán
el modo en que estás viviendo*

WT

RE-ENFÓKATE

Primera edición, 2021
© 2021 WT

ISBN: 978-9945-09-741-2

Diseño de portada: Arlene Vargas/WT
Ilustraciones: Isaías Almonte/Mirror App

AGRADECIMIENTOS

A Dios, a mí y a todos.

ÍNDICE

PRÓLOGO

¿Sabías que generalmente el prólogo de un libro lo escribe alguien que no es el autor? Bueno, en caso de que no lo supieras, ahora lo sabes. Es un texto breve donde regularmente alguien que conoce bien al autor dice algunas cosas acerca del mismo y también habla acerca del contenido en el libro. Por segunda vez, escribiré mi propio prólogo y me limitaré a decirte lo que podrás encontrar aquí.

Cada vez que viajo, ya sea al exterior o haciendo turismo interno, procuro prestar mucha atención a lo que ocurre en mi entorno. Luego, esas vivencias se convierten en historias que comparto con mis amistades, principalmente con el fin de eliminar la famosa frase "eso sólo me ocurre a mí".

En este libro podrás encontrar relatos de algunas historias que podrían estar basadas en hechos reales, ser una mezcla de realidad y ficción o quizás inspiradas en una fotografía que haya tomado, como fiel amante de la naturaleza. Cada página está diseñada para que, dentro de lo posible, puedas empezar a ver tu vida de otra manera.

Cuando escribo algo y lo comparto en las redes sociales o a través de un libro, mi mayor interés es que al menos una persona salga beneficiada y que mi contenido le apoye para lograr algo positivo en su vida. Espero con muchas ansias que esa persona seas tú.

¿Te atreves a acompañarme en esta aventura? ¡Vamos!

#GRATITUD

Un momento de conexión con lo divino

El sábado 18 de julio de 2020, Andrés despertó con muchas sensaciones extrañas. No sabía si era estrés, tristeza, impotencia o simplemente había empezado el día—como dicen algunos—con el pie izquierdo. A lo mejor era una reacción por haber estado en confinamiento durante al menos tres meses debido a la pandemia COVID-19—y posiblemente no era el único en esa situación.

Comenzó a pensar en familiares y amigos que debido a la situación no había podido ver por mucho tiempo y en caso de toparse con alguien de camino o en el supermercado, debían abstenerse. Ahora eran esclavos de lo que se volvería la combinación de palabras, quizá, más usada en el 2020: distanciamiento social. Para bien o para mal, era parte de las medidas para contener el virus.

De repente, sintió la necesidad de salir y conducir sin ningún destino, así que se preparó y simplemente empezó a conducir. Los pensamientos negativos seguían inundando su mente y ya no pudo contener las lágrimas. En ese momento se convirtió en una víctima más de la terrible ansiedad y su corazón empezó a acelerarse.

Empezó a hacerse muchas preguntas, cuestionando su propia existencia. Lo peor es que no entendía cómo o por qué estaba pensando en esas cosas. Parecía que no tenía control de lo que pensaba, pero su cuerpo era testigo de lo mucho que estaba doliendo. A pesar de que quería mantenerse positivo, entre todas las cosas que pensaba, no podía evitar considerar que era injusto todo lo que estaba pasando en el mundo en esos meses de catástrofe y la gran pregunta era: ¿cuándo se va a terminar? Hasta el momento, nadie lo sabía.

Llamar a alguien para recibir consuelo era, a veces, un juego de quejas y reproches. Pasar de vivir como personas «libres» a no poder caminar en la calle, visitar un restaurante, ir a un centro de diversión o simplemente ir a ver una película en el cine, definitivamente se había convertido en un dolor de cabeza para muchos. Un cambio drástico al que debieron adaptarse, sí o sí.

Ya era demasiado para él, no quería caer en un callejón sin salida. Llevaba una hora conduciendo y hasta el momento sólo se quejaba por lo malo que estaba sucediendo. Sus lágrimas parecían agotarse. Respiró profundamente durante unos segundos y finalmente llegó algo positivo a su mente: la palabra **gratitud**. Eligió mantener ese pensamiento y empezó a hacerse nuevas preguntas basadas en ello. Se cuestionó a sí mismo, ¿acaso tenía algo que agradecer a pesar de todo lo «malo»? La respuesta inmediata fue sí.

Tenía salud, podía dormir bajo un techo y había despertado con la posibilidad de desayunar algo, aunque no lo hizo. Podía conducir un vehículo y aunque ya la pandemia le había arrebatado a un ser querido, los demás estaban bien. Tenía un trabajo estable por el cual también debía agradecer. Siguió pensando y aparecieron muchas cosas que durante años pasaba por alto, que no se detenía a observarlas y simplemente decir "gracias".

Su ánimo empezó a cambiar mientras se iba dando cuenta de que era afortunado y aunque eso no resolvería mágicamente lo que sucedía en el mundo, al menos le daba más tranquilidad y le permitía mantenerse firme ante las adversidades. Fue entonces cuando decidió decir en voz alta: "Gracias Dios, gracias vida, gracias universo, por todo lo que me das". Ese día comprendió que debía valorar cada detalle de su vida, incluyéndose a sí mismo. Entendió que muchas veces se engañaba creyendo que lo merecía todo y por esa razón ya no debía agradecer. Hoy da gracias porque ese día llegó, porque abrió los ojos y encontró en la gratitud un poder inigualable.

Es posible que te hayas visto atravesando innumerables circunstancias que con el tiempo te van agotando y también es posible que ante una situación como esa no te has detenido a pensar en agradecer, porque parece ilógico, pero considero que hay magia en hacerlo. Te libera y te permite ver que no todo es malo, que hay mucho por lo cual agradecer, y no importa en qué o en quién creas, lo importante es entregar esa dosis de agradecimiento a esa fuerza que trasciende las fronteras terrestres y de alguna forma nos ilumina y guía para seguir adelante.

Te invito a inhalar y exhalar profundamente, al menos cinco veces seguidas, y que luego en ese momento de calma pongas tus manos en el pecho, cierres los ojos por un momento, sonríe y sólo di "gracias". No sé qué efecto vaya a tener este ejercicio en ti, pero espero que genere paz, calme todo lo que te esté afectando y que, a partir de esta lectura, la gratitud sea parte fundamental en tu vida. Por mi parte, aunque ya lo hice en la sección de agradecimientos, vuelvo a decirte gracias por estar aquí, por leer estas líneas, por darme la oportunidad de llegar a tu vida y, aunque se lea extraño, gracias por existir.

Acertijo:

Alberto encuentra un trozo de papel que le muestra una fórmula e indica que podrá descubrir el mensaje oculto si usa un teléfono móvil de los años 90. ¿Le ayudas a descifrar el mensaje? La fórmula es la siguiente:

$$2 + 6 + 2 + 8 + 3^2 + 0 + 2^3 + 6^3 +$$
$$6^2 + 0 + 5^3 + 6^3 + 2^3 + 8^2 + 7^3 + 2$$

#VALORPROPIO
Alguien te observa y no lo sabías

Si el árbol de la imagen que muestro arriba pudiera decir alguna palabra quizás expresaría tristeza por sentirse solo. A lo mejor desearía que alguien le acompañara. Es posible que hable sobre las tantas veces que ha soñado con la posibilidad de tener unas cuantas hojas y servir al menos de refugio para algún ave o simplemente ser visto y apreciado por los demás. Si pudiera hablar, quizás dijera que se siente abandonado, sin importancia; le restaría valor a su ser, porque se enfocaría únicamente en aquello que, a su criterio, le está faltando.

Este árbol no sabe que sí es visto. Cada día alguien se deslumbra con su inigualable belleza. Recibe los buenos días y las buenas noches de las olas del mar. No ha notado a todas las aves que lo ven a la distancia con la esperanza de algún día poder reposar en él y ocultarse del sol. Ignora los pequeños árboles que le ven y desean ser tan altos como él; no acepta que aun sin hojas sigue siendo un ejemplo para muchos de ellos. Menosprecia, sin darse cuenta, el esfuerzo de las rocas que están ahí para darle el soporte que requiere para seguir de pie.

Al igual que este árbol, al que nombré JOG, existen muchas personas que creen estar solas, con la idea errónea de que nadie los ve;

se encierran en tantos pensamientos negativos que no pueden apreciar todo lo que tiene valor y los acompaña. Se menosprecian, se niegan amor propio, minimizan su potencial y se limitan. Me entristece ver como la vida les pasa sin darse cuenta de lo valiosos que son y aunque este árbol "no tiene vida", representa eso, lo que es sentirse menos, cuando realmente lo eres todo.

Quizás no te has dado cuenta, pero no estás solo, casi siempre hay alguien observándote. Por más desdichada que consideres tu vida, alguien más está tomando tu ejemplo para seguir adelante. Cada vez que puedo vuelvo y lo repito porque quiero que lo entiendas: no importa quién seas o de dónde vengas, siempre podrás ser fuente de inspiración para otros, sin embargo, sólo lograrás hacerlo cuando empieces a ver lo que tienes dentro.

Toma todos tus pensamientos negativos y lánzalos lejos. Enfócate en lo positivo y observa que como JOG, tienes un mar repleto de agua, que en tu caso representa las oportunidades que tienes para hacer algo diferente en tu vida. Repito, no estás solo, y eres un ser que, con sus imperfecciones, vale la pena, merece ser visto y amado por todos.

JOG no lo sabe, porque es un árbol je je, pero cuando lo conocí me inspiró y ha inspirado a muchas personas que al verlo no pueden evitar tomarle una foto, sin importar que esté lloviendo, nublado, con mucho sol, siempre brilla, siempre llama la atención y la gente sabe que está ahí. Aunque él no estaba seguro de su belleza particular, yo sí lo noté, de la misma forma que muchos han notado la belleza que hay en ti y que hoy tienes la oportunidad de mostrar con seguridad, porque vales y eres especial, simplemente que a tu manera.

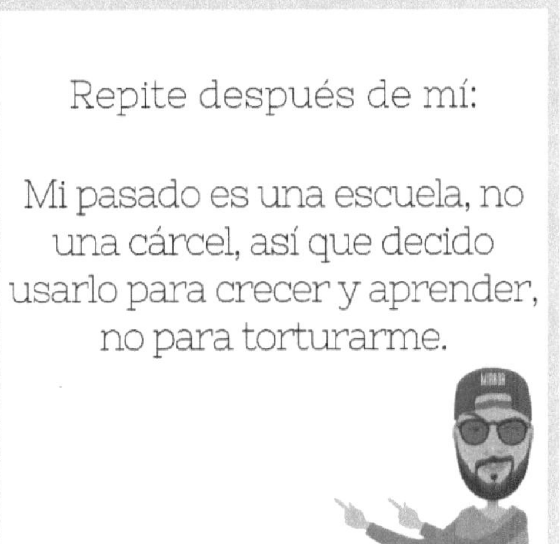

#CRECIMIENTO
Haciendo la paz con el pasado

Un día estaba caminando con un amigo que me había citado para hablar sobre algo que lo estaba atormentando, nos sentamos para disfrutar de una taza de café y de inmediato centré toda mi atención en él. Realmente se veía preocupado, imagino que has pasado por eso cuando te ha tocado ser el paño de lágrimas de otra persona.

Cuando empezó a hablar, aunque le seguía prestando atención, comencé a tener la sensación de que ya había escuchado lo que decía. Continué escuchando y cada vez más la historia tomaba forma en mi cabeza, pero con la misma sensación de que la conocía. Tuve que detenerlo y preguntarle si alguna vez me había contado eso, pues honestamente estaba dudando de mi memoria. Me dijo que lo había hecho en tres ocasiones, sin embargo, aclaró que había una diferencia respecto a las anteriores.

Yo estaba bastante sorprendido porque algo no me cuadraba. Le dije que la primera vez que me habló sobre eso la razón era porque se preguntaba qué hizo mal, luego el motivo era que estaba pensando en todo detalladamente para identificar los errores que pudo haber cometido, la tercera vez que habló del tema se había dedicado a denigrar a la otra persona y empezó a buscar culpables, entonces ahora había elegido hablar de ello porque "por fin entendió que no merecía lo que sucedió", después de decirle eso le pregunté ¿cuál será el siguiente motivo? ¿Hasta cuándo vas a seguir haciéndote daño con lo mismo? Podía seguir haciéndole preguntas, no obstante, íbamos a caer en la misma conclusión: eso debía parar.

Dejé que reflexionara un poco y luego lo miré fijamente a los ojos y le dije: "repite después de mí: mi pasado es una escuela, no una cárcel, así que decido usarlo para crecer y aprender, no para torturarme". Cuando escuchó esas palabras su voz se quebró, pero después de una respiración profunda pudo repetir aquellas palabras y luego de unos segundos sólo dijo "gracias, amigo".

Al igual que mi amigo, muchos de nosotros nos pasamos muchos días de nuestras vidas recordando el pasado y usándolo como método de tortura, no como una herramienta para identificar todo aquello que no funcionó y diseñar un plan que nos permita mejorarlo, en el tiempo que sea necesario. Nos han dicho más de una vez que no es posible cambiar lo que sucedió, es hora de que lo entendamos y pongamos en práctica el ejercicio de ver atrás únicamente para aprender y continuar en el camino de la transformación.

Quisiera decirte que es una tarea fácil, pero no lo es. Se requiere mucho coraje y fortaleza para ver atrás y escapar de ello con un aprendizaje, así que estoy de tu lado si dices "no es fácil", porque lo sé. Lo cierto es que cuando dejes de torturarte con las cosas que ya te hicieron daño alguna vez, entonces empezarás a valorar lo que eres hoy y le quitarás el poder a eso que busca quitarte la paz que tanto mereces.

Dependiendo de lo que busques podrás encontrar muchas opiniones sobre cómo lidiar con tu pasado y me reservo el derecho de pedirte que por favor no uses la opción del rencor. Evita buscar culpables, enfoca tus energías en conectar con lo que puedes aprender, saca provecho de lo sucedido y dale valor a cada lágrima que pudiste haber derramado debido a ello. Mereces mucho de esta vida, me encargaré de lo que lo sigas creyendo mientras sigas leyendo este libro, así que hagamos algo para que quedes en paz con tu pasado.

Te invito a cerrar tus ojos, respirar profundamente y conectar contigo y una vez que llegues a un estado de tranquilidad y hayas podido limpiar tu mente, aunque sea momentáneamente, le dediques las siguientes palabras a tu pasado: "Hola pasado, sé que me recuerdas, he acudido a ti algunas veces, quizás por los motivos incorrectos, sin embargo, estoy aquí en una actitud distinta el día de hoy, quiero decirte que estoy bien contigo, que te acepto, sé que no te puedo cambiar, así que decido seguir con mi vida, enfocarme en lo que realmente importa, disfrutar de las pequeñas cosas que tengo conmigo, valorar las enseñanzas que me dejaste y aprender de cada error para seguir trabajando en no cometerlos nuevamente. Sé que quizás te usé muchas veces para culparte por las cosas que me suceden hoy día, sin embargo, creo que debo dejarte ir, abrirme camino a nuevas experiencias y dejar de hacerme daño. Gracias, porque gracias a ti hoy soy una mejor versión de mí, gracias porque a pesar de que contigo lloré muchas veces, hoy soy más fuerte y todo eso te lo debo a ti. Adiós".

Sí, quizás será un poco difícil que recuerdes todo eso de inmediato y lo digas con los ojos cerrados, pero hasta que puedas hacerlo, léelo repetidas veces y es muy posible que sientas como una gran carga cae de tus hombros y empiezas a caminar más ligero, porque te habrás dado la oportunidad de dejar tu pasado tranquilo y disfrutar tu presente al 100%, tal y como te lo mereces.

Recuerda que tu esencia es intocable, es lo que te representa y hace especial. Así que a quien intente pisotear o denigrar lo que eres, ten la libertad de decirle "Goodbye, adiós, chao chao".

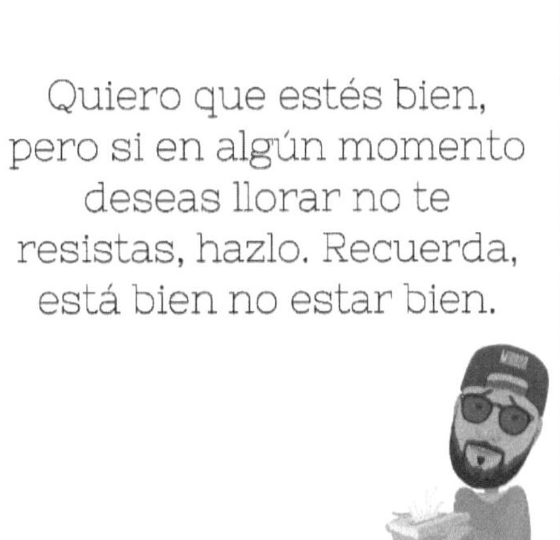

#DESAHOGO
Nadie se vuelve débil por llorar

Mucho se ha dicho que cada día podemos aprender algo nuevo y a veces con las personas que menos esperamos. Uno de esos momentos me sucedió un día que estaba de visita en casa de una amiga. Su hijo, que tenía ocho años, había roto una computadora, mientras jugaba con uno de sus vecinos. Su reacción inmediata fue quedarse parado, sin ningún tipo de preocupación. Eso realmente me sorprendió mucho.

Cuando mi amiga regresó de la cocina con algunas cosas que ella y su esposo estaban preparando, notó lo que había sucedido, tomó una actitud comprensiva y le preguntó al niño qué había pasado. Él le contestó con la verdad, a lo que ella replicó "papá no estará contento". Un comentario obvio, sin embargo, parecía ocultar algo más, a juzgar por la reacción de su hijo.

El padre regresó y al ver lo ocurrido su reacción fue tan impulsiva que dejó caer algunas cosas que traía, empezó a gritarle al niño y antes de hacer silencio lo golpeó fuertemente en las manos. Yo no podía creer lo que estaba viendo, sin importar lo que había dicho su padre o incluso que le haya golpeado, el niño se quedó inmóvil. No lloró, no se quejó, permitió que todo pasara y siguiendo la orden de su papá, que lo había puesto de castigo, se fue a la habitación. Aunque no aprobé la reacción, decidí no emitir juicio alguno y deje que fueran ellos los que solucionaran esa situación luego. Sin embargo, la curiosidad se apoderó de mí. Quería saber la razón que llevó al niño a actuar de esa manera, a pesar de eso decidí no decir nada al respecto.

Cuando terminamos la cena pedí permiso para ir al baño, caminando por el pasillo escuché que alguien lloraba y hacía ruidos extraños, me acerqué más y era el niño, su rostro estaba rojo, tenía mucho tiempo llorando y el ruido era causado por los golpes que le daba a su cama, al parecer, tratando de desahogar sus penas. Si anteriormente había estado en estado de conmoción, ahora todo se había duplicado.

Le pregunté qué sucedía y me dijo que estaba sacando todo lo que había sucedido con su papá, le pregunté por qué no lloró ni reaccionó mientras sucedía y me dijo "porque no quiero que me vea llorando, soy un hombre y soy fuerte". No podía creer lo que escuchaba. Esas palabras venían de un niño con apenas ocho años—aunque estoy seguro de que escuchó a alguien más hablando así—. Retomé la compostura y empecé a reflexionar acerca del tema. Me costaba entender ¿cuándo, o cómo, se nos enseñó que está mal mostrar vulnerabilidad? —principalmente si perteneces al sexo masculino.

No quería que mi amiga o su pareja me vieran con el niño porque, aunque no pretendía intervenir en la situación o emitir algún juicio en contra de las acciones de su padre, no quería que se malinterpretaran las cosas, así que le dije "quiero que estés bien, pero si en algún momento deseas llorar no te resistas, hazlo. Recuerda, está bien no estar bien. No importa que seas hombre, no te cohíbas de expresar lo que sientes". Luego que lo noté un poco más calmado, salí de la habitación con un gran aprendizaje y la tarea de compartir con el mundo lo que aconteció allí.

En lo personal, aprendí mucho de lo que viví ese día, ¿y tú? ¿Alguna vez te has cohibido de expresar tus sentimientos para hacer creer a los demás que eres «fuerte»? ¿Has pretendido estar bien, aunque por dentro sientas lo contrario? Al igual que tú, yo también responderé esas preguntas, porque prefiero vivir cada proceso, sin cohibirme o simplemente creer que soy inmune a todo. Me preocupa que existan más niños evitando demostrar sus sentimientos por miedo a ser considerados débiles —y demostrar su «hombría».

Todos tenemos derecho a ser vulnerables a lo largo de nuestras vidas. Mi deseo es que aprendas a ser libre en este aspecto y que, si en algún momento algo te hace sentir mal, puedas expresarlo con algunas lágrimas o con un rostro triste, que puedas tener esa libertad de poder decir "me dolió", sin aparentar nada.

Con esto no te estoy diciendo que a partir de ahora todas las cosas deben empezar a afectar tu vida, pues considero que cada persona tiene sus parámetros para elegir qué le afecta y qué no. Tampoco pretendo que siempre reflejes tu sentir frente a todos. No es eso. La idea es que dejes de ver la vulnerabilidad como algo malo, que te apropies de la frase con la que empieza este texto, dejes de mentirte y empieces a sacar de ti todo eso que, por mucho tiempo, has acumulado. Eso que creías te hacía fuerte, aunque realmente sólo te hace daño.

¿Sabías que…?

Si calculas la cantidad de horas que has vivido hasta el día de hoy y a eso le restas la cantidad de cosas que no te han salido «bien», SIEMPRE tendrás un resultado positivo.

¿No me crees? Pruébalo, dicen que las matemáticas no se equivocan.

#DISCIPLINA
Mismo camino, distintas realidades

Después de siete años sin saber nada uno del otro, dos amigos de infancia decidieron reunirse para ponerse al día respecto a sus vidas. Uno de ellos había emigrado para buscar otras oportunidades. Decidió dejarlo todo. Cuando tomó la decisión sentía frustración por sentir que no avanzaba en nada.

Eran días lluviosos, así que acordaron tomarse un chocolate bien caliente en un lugar que les recordaba su niñez. Cuando se encontraron, y a pesar de los años, el afecto parecía no haberse perdido. Se dieron un fuerte abrazo y se sentaron a conversar

—¡Qué bueno verte Julio, que bien te ves!

—Me alegra compartir este momento contigo después de tanto tiempo. Fue difícil para nosotros aceptar tu decisión de irte y haber perdido el contacto.

—Lo sé. Fue un sacrificio grande, pero cuéntame ¿cómo te ha ido?

—¡Muy bien! Las cosas han salido mejor de lo que esperaba. Mi familia más unida que nunca y mi empresa creciendo.

—¿Empresa? No sabía nada de eso.

—Creí que sí, es muy popular en las redes sociales. Te haré un resumen. Durante y después de la crisis económica que doblegó al país, yo me hice dos preguntas constantemente: ¿tengo la capacidad de dar más? ¿Esto es lo que quiero para mi vida? Cada vez que tenía la oportunidad me repetía esas y otras preguntas, que finalmente me motivaron y empecé a emprender. Y bueno, hasta el momento no me he detenido.

—¡Vaya, qué suerte tuviste!

—¿Suerte? No. Dedicación, mucha disciplina y trabajo constante. Mi hijo falleció cuando iniciaba el negocio, no obstante, volví a hacerme las mismas preguntas y continué. No fue fácil, créeme, pero lo he logrado. Ahora cuéntame cómo te ha ido en tu aventura.

—Me dejaste sin palabras—dijo un poco triste—, mi vida está igual o peor que cuando me fui del país y en esta conversación descubrí el porqué. Tuve la misma formación que tú, aunque cometí errores que me costaron todo. Creí que al irme fuera y buscar el famoso "sueño americano" las cosas iban a arreglarse mágicamente. Actué de manera irresponsable, sin ningún compromiso con salir adelante y seguí haciendo las mismas cosas que hacía aquí. Aunque me arrepiento un poco de haberme encontrado contigo je je, quizás ahora sea más consciente de lo que debo hacer y sería bueno recibir algunos consejos. Yo también quiero empezar a hacerme las preguntas correctas.

Si te das cuenta, dos personas pueden recorrer el mismo camino, hasta cierto punto, sin embargo, sus pensamientos y la forma de actuar ante las circunstancias van a diferenciar el destino al que puedan llegar. No importa dónde estés, si emigras, si estás en un país del "primer" o "tercer mundo", siempre va a depender de ti emprender y no quedarte en la misma posición de antes.

Aprende de esta historia que las cosas no van a llegar a ti simplemente porque las deseas, debes trabajar fuerte para lograr algo en la vida, debes ser disciplinado y saber que vas a encontrar obstáculos, pero no te puedes dejar vencer por ellos. Por favor responde lo siguiente con mucha honestidad: ¿de qué tipo de preguntas estás llenando tu cabeza? ¿Qué es lo que realmente deseas en la vida? ¿Estás esperando que suceda mágicamente o estás trabajando para lograr cumplir tus sueños?

Es momento de hacerte las preguntas correctas y empezar a idealizar lo que deseas para tu vida. Sé creativo, no te límites y empieza a caminar por el sendero que te llevará al éxito, dondequiera que estés.

#CAMBIOS
Esencia "inquebrantable"

Hace unos años me tocó hacer una parada de 13 horas en el aeropuerto de Miami. Estaba supuesto a durar sólo dos, sin embargo, se había prolongado por fallas reportadas en el avión que nos llevaría al destino final. Así que decidí dar una vuelta y mientras caminaba en el aeropuerto escuché que alguien dijo "vaya, que manera de viajar", miré al lado y sólo pude ver a un señor y a su acompañante. Al notar que había escuchado el comentario me dijo "sí joven, de usted hablo, que sencillo se ve". Me dio mucha curiosidad y le pregunté a qué se refería. Me dijo que, basado en su criterio, la vestimenta que llevaba puesta no era lo que regularmente se usaba para viajar. Seguía sin entender, así que me senté junto a ellos y le pedí más detalles—si te has dado cuenta, por lo que has leído hasta el momento, me encanta recolectar historias.

Empezó a contarme como décadas atrás, cuando cursaba su carrera universitaria, iba ajustando su forma de vestir según el círculo de personas con las que socializaba y en la misma forma que fue modificando su vestimenta también fue cambiando sus costumbres, el tipo de actividades que hacía y algunas veces la forma en que hablaba. Su único propósito era encajar y si eso requería hacer un gasto inesperado en ciertos artículos o lugares que, según relata, no podía pagar, no veía más opción que llevarlo a cabo. Pensaba que hacía lo correcto y aunque recibía alertas de algunos amigos que notaban el evidente cambio, él no escuchaba. Sólo se enfocó en su interés de lucir bien y pasar las rigurosas listas de comprobación que tenían sus nuevas «amistades».

La carrera avanzaba y se acercaba el día en que su historia tuviera el desenlace que todos esperaban, excepto él. La lista de personas decepcionadas por su manera de actuar iba creciendo y es que según confiesa no sólo cambió su forma de vestir, también empezó a rechazar a sus viejas amistades. Sin embargo, él no lo entendía así en ese momento. Estaba viviendo en una burbuja y no veía la realidad.

Cuando estaba recién graduado y a pesar de que no todos terminaron en el mismo año, se empezó a dar cuenta de que las conversaciones con sus «amigos» iban menguando. Ya no recibía invitaciones, cada uno de ellos había decidido continuar con su vida y a diferencia de lo que había vivido anteriormente, ahora sólo veía rechazo en todas partes.

Uno de sus mejores amigos de infancia se acercó para conversar y lo llevó a un momento de reflexión donde se dio cuenta de lo equivocado que estuvo por cinco años, había perdido su esencia, esa característica de ser alguien cercano, amable, atento, disponible para todos, esa clase de amigos con quien todos contaban, transparente y que nunca se sentía superior a los demás. Reconoció ese día que se había perdido intentando complacer a los demás, que había dejado su sello a un lado para ponerse el de cada persona con quien se topaba y con el paso del tiempo se quedó solo.

Mi silencio y cara de sorpresa estuvieron presentes durante todo su relato y no era el único, su acompañante también había quedado conmocionada por lo que escuchó, al parecer no conocía la historia. El señor, cuyo nombre es Máximo, me dijo que al verme vestido en una forma tan sencilla para abordar un vuelo se transportó a esos tiempos donde se sentía libre de usar lo que quería. Esos días donde dependía de él elegir cómo sería el aspecto de su cabello, barba o si usase un pantalón corto porque le parecía más cómodo. Terminó lamentándose por sentir que teniendo 60 años ya era muy tarde para pensar en esas cosas.

Cuando dijo eso, de inmediato yo le contesté que, aunque respetaba su opinión respecto a la edad, yo no creía que era demasiado tarde para empezar a vivir de esa forma. Fue un momento gracioso y extraño a la vez, pero sí, le estaba dando un consejo a alguien que, en ese momento, tenía tres veces mi edad. Entendía que era la única verdad. Era mejor pasar los siguientes años de su vida sintiéndose libre, respecto a la vestimenta, que pasar otra década haciendo lo mismo y luego volver a reconocer que lo hizo mal. Quizás requería que esa conversación se diera y juntos entendiéramos que podemos cambiar lo que queramos—claro, sin que perdamos nuestra esencia en el proceso.

Al igual que Máximo muchas personas pasan sus vidas buscando aprobación de los demás, se cuestionan sus propias elecciones simplemente porque piensan en el qué dirán. Ajustan sus gustos a «tendencias» sociales, a lo que está de «moda», aunque no les guste. Aclaro que no estoy en contra de las «tendencias», simplemente opino que, aunque sea clasificado así, siempre debemos sobreponer nuestro gusto personal, preguntarnos si realmente nos sentimos cómodos con eso o lo hacemos para lucir bien delante de los demás.

¿Hasta cuándo vas a permitir que los demás dirijan tu vida? Entiende que las personas que te quieren hacer a su imagen y semejanza ya te están rechazando, porque no te reciben y aceptan tal y como eres. No valoran tu esencia y en consecuencia quieren convertirte en algo que los haga sentir más cómodos a ellos, sin importar como te sientas tú. Quizás se lea un poco cruel, sin embargo, es la triste realidad y no debes vivir así.

Muchas veces he comentado que cuando decido escribir temas tan complicados como este me estoy «condenando» a una posible realidad donde empiezan a evaluarme por mis palabras; en este caso sobre la forma de vestir, pero quien me conoce y haya leído el tema "La importancia de la imagen" en mi primer libro, sabrá que no es un pensamiento actual y que desde hace mucho tiempo he defendido el derecho de que las personas se sientan libres a elegir lo que les queda mejor según su criterio, lo que les hace sentir cómodos, sin perder su sello. Eso que demuestra su auténtico yo.

La historia de Máximo no debería repetirse en tu vida. Si te gusta el color negro, úsalo. Si quieres menos cabello, córtalo. Si no te gusta tu barba, elimínala. Si eres hombre y te gusta el rosado en la ropa, úsalo. Si eres mujer y no quieres maquillarte, no lo hagas. Siempre que no atente contra tu salud, haz lo que te permita sentir que todavía eres tú, no una máquina que se ajusta para complacer a los demás.

Cuando escribí esa publicación pensé en cada persona que anda por ahí emulando la vida de otros y a cada uno de ellos le dedico las palabras que aquí están escritas, porque debemos acabar ya con tantos prejuicios sociales, con tanto daño, principalmente a los más vulnerables, esos niños que van creciendo rodeados de burlas y descrédito. Señalamientos que han aumentado la depresión, baja autoestima y las tasas de suicidio en el mundo—y mientras sigas leyendo te darás cuenta de que esta no es la única historia en la que menciono algo parecido. **Es realmente preocupante**.

Si lo que acabas de leer te ha apoyado en algo, por favor comparte el mensaje con alguien más y procura hacerle entender que todavía tiene tiempo de retomar el control de su vida, ser auténtico y llevar su esencia como el sello que lo representará a donde quiera que vaya.

LA PROFE
Una enseñanza que sobrepasa la muerte

Marcos estaba cursando el primer año en la Universidad y hasta el momento dependía del dinero que recibía de su familia, aunque no se sentía cómodo con la situación. Bajo las circunstancias que le había tocado estudiar era mejor que dedicara todo su enfoque a esa actividad, así que evitaba ser empleado y de vez en cuando obtenía dinero al hacer algunos trabajos «informales».

En noviembre de 2009 un compañero de estudios, llamado Cristian, le comentó acerca de una oferta laboral, donde estaban necesitando a dos personas que tendrían el mismo cargo. No estaba interesado y sin terminar de recibir muchos detalles, ni conocer el salario, dio una respuesta negativa. Su compañero se sorprendió y no entendía, pero no insistió más ese día.

Dos días después, volvió a recibir la misma oferta. Se acercaba el día de la entrevista a la que ambos tendrían que asistir, y con mucha fe al respecto su compañero no lo había descartado. Tenía la seguridad de que, en algún momento antes del gran día, su querido y nuevo amigo iba a aceptar. Entendía que era una buena oportunidad para ambos y no había justificación para rechazarla.

En esa y otras cinco ocasiones la respuesta siguió siendo un rotundo no, así que Cristian le pidió una explicación

—¿Por qué estás tan negado con este tema?

—Me comprometí a enfocarme en los estudios y a diferencia de ti, curso una materia en horario laboral, dos días a la semana.

—Podrías pagar tus estudios con lo que vas a ganar y apoyar a tu familia ¿lo sabes? —preguntó indignado—. ¿Vas a dejar que una materia te impida eso?

—Lamentablemente no puedo hacer nada, quizás no es mi momento.

—No hay problema, buscaré a alguien más. La entrevista es mañana.

Parecía que finalmente el tema había quedado cerrado. Después de esa conversación se despidieron y retornaron a clases. A partir de ese momento algo inquietó a Marcos. No dejó de pensar en las palabras de su amigo y, por primera vez en una semana, reconsideró su posición respecto a la oferta. Se acercó al aula donde estaba Cristian, le preguntó el nombre de la empresa y se retiró sin dar detalles.

Esa noche llegó muy cansado a casa, se bañó y fue a la cama para pensar un poco acerca de su decisión, pero antes de que pudiera conectar con algún pensamiento se quedó dormido. Cuando despertó ya eran las seis de la mañana. Se sintió un poco frustrado porque era el día de la entrevista y no había tomado ninguna decisión. La noche le serviría para resolver tres temas importantes: primero, conversar con sus padres para ver qué opinaban. Segundo, hablar con la maestra que impartía la clase de matemáticas que tenía en días y horarios laborales. Tercero, avisarle a Cristian de su decisión para evitar que fuera con alguien más. Con nada de esto hecho, entendía que no valía la pena intentarlo, así que eligió seguir durmiendo.

Nuevamente empezó a sentir la sensación de que debía hacer algo y en un impulso extraño para él, tomó el teléfono y llamó a su padre. Le contó acerca de su interés en obtener un trabajo y poder apoyar con los gastos en general, admitió haber rechazado unas cuantas veces y que, aunque quizás la oportunidad ya se había perdido, quería tener su aprobación. Después de unos minutos conversando, su padre apoyó la decisión. Al cerrar, llamó a un compañero de estudios y consiguió el número telefónico de la maestra de matemáticas. Debía intentarlo.

—Buenos días profe, disculpe por llamar tan temprano. Quisiera pedirle un favor…

—No te preocupes mi hijo, yo me despierto muy temprano todos los días, ¿cómo te llamas?

—Mi nombre es Marcos Alarcón, matrícula 2008-0436. Estoy en su clase de Matemática Superior, lunes y miércoles, en el recinto...

—¡Ah sí, te recuerdo! ¿Cómo te apoyo?

—Bueno, es que hace días un compañero me ha estado hablando de un trabajo y lo he rechazado varias veces, principalmente porque recién inicia el semestre y tengo esa clase con usted en horario laboral.

—¿Y tú me estás llamando para preguntarme eso?

—Sí profe, disculpe, no quería…

—Mira muchacho, no seas tonto, acepta esa oportunidad—le advirtió en un tono jocoso.

—¿Y qué va a pasar con la materia?

—Tengo una sesión los sábados. Toma la clase esos días y yo manejo el tema de la asistencia.

—¿Eso no le traerá problemas? ¿De verdad podrá hacer algo así?

—¡Qué sí mi hijo! Siempre que hagas tus tareas, tomes tus exámenes y no faltes, no hay problema.

—Gracias, muchas gracias, de verdad. No le quedaré mal.

—Cuídate mi hijo.

No podía creer lo que había ocurrido. Se sorprendió más porque no la conocía muy bien. Aunque en más de una ocasión llegó a escuchar algunas historias que la relacionaban.

Rocío Carrasco era una maestra con más de veinte años de experiencia en distintos centros de estudios, se caracterizaba por ser jocosa y a la vez muy exigente respecto a los deberes de sus estudiantes. Su nombre era muy mencionado en los procesos de inscripción, ya que cuando tocaba seleccionar las materias algunos estudiantes la evitaban por temor de reprobar y preferían elegir a un maestro con el cual no tuvieran que esforzarse tanto.

A pesar de todo lo que algunas personas opinaban, era muy querida por la mayoría, y en muchas ocasiones, más allá de la seriedad con la que hacía su trabajo, compartía una sonrisa. Se decía también que su vida familiar era totalmente diferente, donde era alguien que tenía amor para todos, principalmente para sus hijos y sobrinos.

La acción desinteresada de su maestra hizo que sintiera que el universo le daba un mensaje claro y era muy posible que la oportunidad laboral que estaba a punto de recibir tendría un impacto positivo en su vida. Hasta el momento habían ocurrido varias cosas que lo hicieron entender que no podía ser una coincidencia. Viéndolo desde el punto lógico, con intentarlo no perdería nada.

Se levantó, fue a tomar una ducha, buscó la mejor ropa que tenía para una entrevista, revisó en Internet la dirección de la empresa donde iba, se preparó, llamó a una empresa de taxi y unos minutos más tarde estaba de camino a su destino. Mientras estaba sentado en el auto pensaba acerca de las posibles preguntas que le harían, sin saber el escenario que encontraría. Ni siquiera había conversado con Cristian al respecto, simplemente eligió ir.

Llegó y todavía no habían iniciado con el proceso. Saludó, dijo que iba a la entrevista y, aunque un poco desconcertados porque no estaba en ningún listado, le permitieron pasar. Cuando su amigo lo vio puso cara de asombro, no lo esperaba. Antes de que pudieran conversar acerca de lo que estaba sucediendo, los llamaron para entrar a un salón e iniciar con la entrevista. Para sorpresa de ambos, era un proceso de reclutamiento tan especial y urgente que sólo les preguntaron si tenían experiencia con computadoras y les pidieron familiarizarse con el sistema que usarían en el trabajo. En menos de veinte minutos fueron contratados. Empezaban en tres días.

Después de concluir su primera jornada se reunieron para hablar un momento, todavía con asombro por lo rápido que se había dado todo

—Tu eres una persona con mucha suerte. No te lo dije ese día, pero yo le hablé a otro amigo sobre la vacante y me resultó extraño que fueras tu quien llegara. En la tarde de ese mismo día me enteré de que tuvo un percance en el camino y no pudo llegar a tiempo… parece que es cierto eso de que cuando algo está para ti, aunque te quites lo vas a recibir—contó Cristian en un momento de reflexión con su amigo.

Para Marcos, todo lo que ocurrió fue de mucha enseñanza y le recordó la importancia de saber analizar y aprovechar las oportunidades—algo de lo que volveré a hablar en otra historia—. Siguió creciendo como profesional, terminó sus estudios en el tiempo sin interrupciones y empezó a sentir un profundo agradecimiento por el apoyo que recibió de su amigo, la maestra y su padre.

Todo se lee como un final feliz y excelente para concluir con la historia, sin embargo, no terminaba ahí. Nueve años después de lo acontecido en noviembre de 2009, Marcos se unió a un grupo de corredores; era parte de una medida que entre él y otros compañeros de trabajo habían elegido para apoyar a una amiga que estaba pasando por una especie de duelo y requería alguna actividad para distraerse, así que eligieron empezar a correr. Sería ahí donde conocería a Gabriela y sin darse cuenta le agregaría una segunda parte a su interesante historia.

Gabriela era una persona agradable, muy jocosa en la forma de expresarse, aunque algunas veces también podía hablar con rigor cuando quería que la tomaran en serio. Muchos hablaban acerca de ella por lo lento que corría debido a su sobrepeso, no obstante, eso nunca la detenía y tampoco afectaba su bella personalidad. Fue precisamente por ese carisma que la caracterizaba que Marcos quedó encantado y le tomó cariño, empezando así una nueva amistad.

En muchas ocasiones, durante eventos de carrera, él compartía palabras de apoyo con ella, la animaba a continuar, le ofrecía agua, a veces la acompañaba al ritmo que pudiera sostener y otras acciones que le apoyaran a terminar la carrera. Confiaba mucho en que ella siempre podía llegar, a pesar de todos los comentarios negativos y por encima de todos los que dudaban de su capacidad.

Durante un año habían logrado compartir muchos momentos inolvidables, además de sonrisas y anécdotas para contar. En octubre de 2019 Gabriela había tomado la decisión de correr su primer medio maratón, 21 kilómetros y 97.5 metros, sin detenerse. Se preparó durante mucho tiempo, con mucha disciplina y entrega. Sabía que la ruta era demandante y no quería que la tomara por sorpresa.

Mientras corrían se fueron encontrando en el trayecto, se sonreían, conversaban un poco y cada uno tomaba su ritmo nuevamente. La ruta permitía que se volvieran a cruzar y aprovechaban esos momentos para gritarse palabras de ánimo y decir repetidas veces que «faltaba poco». Después de correr por más de tres horas, Gabriela cumplió su objetivo y llegó a la meta, sin lesiones, con lágrimas de emoción y mucha, pero mucha gratitud.

Media hora después de haber concluido el evento ella y Marcos se vieron a solas. Él le expresó lo orgulloso que se sentía y le recordó que nunca dejó de creer que podía lograrlo. Ella se conmovió, lo abrazó fuerte y le agradeció. Reconoció, además, que muchas personas no creyeron que cumpliría su hazaña, la criticaron y también redujeron su esfuerzo al decir "no podrá", repetidas veces. Se demostró a sí misma que era capaz de lograr todo lo que quería y esa carrera le había mostrado que los límites estaban en su cabeza. Conversaron unos minutos, siguieron festejando e ignorando lo que sucedería luego, ambos crearon de ese día algo memorable.

Un mes después Gabriela y otras dos amigas, incluyendo a la que Marcos había acompañado en la carrera, decidieron invitarlo a él y a otras dos personas a un desayuno en agradecimiento por el apoyo que le habían dado en los últimos meses. Coordinaron todo, se levantaron temprano a correr y luego, con la misma ropa deportiva, fueron a un restaurante elegante y disfrutaron de un momento agradable, sin que faltaran las risas y fotos de recuerdo.

Luego desayunar decidieron ir a otro lugar para tomarse unas cervezas y seguir compartiendo, fue allí donde sin motivo aparente empezaron a hablar acerca de temas relacionados a lo laboral. Cuando le tocó hablar a Marcos dijo algo que le dio un giro a la conversación

—La primera vez que conseguí trabajo en una empresa privada todo ocurrió de una manera extraña. De no ser por la insistencia de un compañero y el apoyo de una maestra de matemáticas llamada Rocío que me permitió…

—¡Qué! —exclamó Gabriela con el rostro como si hubiera visto un fantasma.

—No entiendo, ¿qué pasa?

—Tu acabas de decir algo que no puedo creer, ¿esa maestra de la que hablas se apellida Carrasco?

—Sí, ¿cómo sabes eso?

—Porque estás hablando de mi tía materna. No puedo creerlo.

Ella empezó a llorar, no podía asimilar que aun después de haber fallecido unos años atrás, seguían saliendo historias positivas acerca de su tía, pero era la primera vez que lo decía un ex alumno y más que eso, una persona que desde el inicio había conectado con ella. A él le tomó unos pocos segundos entender que todo estaba relacionado. Estaba destinado a estar ahí. Nueve años después, sin darse cuenta, había retornado a su maestra el inmenso y desinteresado apoyo que le dio una vez, sólo que a través de un ser querido. Durante unos minutos nadie pudo expresar palabras, sólo lágrimas de emoción que daban cierre a una historia y abría paso a una reflexión para toda la vida.

Todos los que estaban reunidos en ese momento se dieron cuenta de que la vida siempre termina devolviendo lo que sembramos y aunque creamos que con el último suspiro todo termina, realmente existen enseñanzas que muchas veces sobrepasan la muerte. Esta grandiosa historia nos enseña nuevamente que son nuestras acciones las que van marcando las pautas de lo que será nuestro futuro. La regla de la siembra y la cosecha ha probado que no tiene excepciones.

¿Quién iba a imaginar que haber cambiado de parecer y elegir tomar la oferta laboral iba a generar tantas cosas buenas? A lo mejor nadie, porque en muchas ocasiones cometemos el error de creer que la vida está compuesta de actos deliberados que no tendrán consecuencias positivas o negativas en nuestras vidas o en nuestro entorno. Luego nos damos cuenta de que, en algún momento, cada palabra, acción o intención tendrá un resultado. En este relato, la «pequeña» acción de una maestra desencadenó varios acontecimientos que una década más tarde se convirtieron en algo para contar, agregando más contenido al recuerdo de su persona y a su hermoso y admirable legado.

Una vez más queda confirmado que las coincidencias no existen, por lo que debemos aprovechar cada etapa de nuestras vidas para sacar el máximo de lo que acontezca, sabiendo que, sin importar cómo lo catalogamos, al final del día todo está hecho para sumarnos de alguna manera. Quizás no todo lo que tengamos que vivir sea agradable, pero está ahí por algún motivo y es nuestra tarea descubrir cómo usarlo a nuestro favor.

No sé cuántas veces te has visto en momentos de indecisión o has estado cerrado a aceptar algo nuevo o simplemente una nueva oportunidad de experimentar lo conocido en otras formas. No sé cuántas veces has dicho que no sin pensar en las consecuencias o cuando dijiste que sí bajo las mismas condiciones. Lo que sí quiero es que la historia de Marcos no sea una más en tu vida, que puedas aprovechar cada anécdota o mensaje oculto para aumentar tu seguridad, capacidad de decidir y el deseo de hacer el bien, como dicen, sin mirar a quién.

Hoy tienes una nueva oportunidad de aprender y aceptar que esas circunstancias que a veces se te dificulta aceptar pueden ser el camino a lo que realmente estás buscando. Hoy es un buen día para entender que cada palabra expresada va creando el bosquejo de lo que será tu futuro y por eso debes saber elegir bien tus palabras, tus acciones y también tus intenciones.

Toma una hoja en blanco y responde la siguiente pregunta: ***¿qué estoy haciendo para construir mi legado?*** Contesta con honestidad y empieza a tomar las acciones requeridas para fortalecer esa parte y cada vez que puedas agrega una historia más que alguien pueda compartir y con la cual otros puedan crecer. Elige que hoy no sea un día más, sino el inicio del camino que te llevará a tu grandeza.

Merecemos un mundo donde se brinde amor sin prejuicios, donde la palabra tenga valor y la empatía sea un hábito. Merecemos un mundo donde ser feliz no sea un delito, exista la libertad de SER y donde el «morbo» sea menos compartido que la verdad.

#INTENCIÓN
El arcoíris de la esperanza

Cada día, entre las seis y siete minutos de la mañana, un anciano se ponía elegante y pedía que lo llevaran al frente de su pequeña casa, donde vivía con su esposa y uno de sus cinco nietos. Era una zona montañosa, casi siempre llovía, pero sin importar el clima él siempre quería estar sentado en el mismo lugar y en el mismo rango de horas. Todas las mañanas su querida esposa despertaba temprano, preparaba café y le acomodaba el lugar.

Su nieto tenía pocos meses viviendo con ellos, sin embargo, cada día veía la acción de su abuelo y no entendía las razones. Durante mucho tiempo le preguntó a su abuela, pero ella no quiso contarle. Así que no pudo soportar la curiosidad y un día se sentó en el frente de la pequeña casa y lanzó la pregunta

—Abuelo, dime algo por favor, ¿por qué te sientas aquí todos los días y las mismas horas?

—Te he visto curioso al respecto y estaba esperando con ansias el día en que me preguntaras. Es sencillo hijo, cada día tengo la esperanza de ver un arcoíris.

—¿Qué significa eso para ti y por qué a esas horas?

—Antes de que tu padre se fuera a la guerra nos sentamos aquí a conversar. Yo le expresé mis miedos, no quería perder a otro hijo. Él, muy inteligente como siempre, buscó la forma de tranquilizarme y me dijo que cuando viera un arcoíris significaba que él estaba bien y que volvería a casa. Además, prometió regresar cuando yo estuviera tomando el café, así que siempre le guardo un poco. No sé si lo sabías hijo mío, pero tu padre ama los arcoíris. Quizás para ti sea algo tonto o no lo entiendas. Nosotros elegimos verlo como un símbolo de esperanza y yo sé que volverá.

El joven quedó sin palabras, había recibido una enseñanza, ya que durante mucho tiempo había perdido la esperanza de que su padre regresaría con vida. Escuchaba tantas noticias negativas que había dejado de creer y renunció a la idea de que le volvería a ver. Sin embargo, su abuelo había decidido vivir en intención, confiando en que todo iba a salir bien, y así fue. Un año después su adorado hijo regresó a casa, a la hora que había prometido, con una sonrisa y un termo de café para compartir con su adorado viejo.

Sé que los arcoíris tienen muchos significados, bíblicos, mitológicos y científicos, sin embargo, en la vida del anciano de la historia significa esperanza. Ahora por favor responde, ¿cuántas veces te has dicho que todo está perdido?

Cambia la conversación que tienes contigo mismo. A veces en los momentos difíciles, donde nada parece tener una solución, tendemos a nublar nuestros sentidos con preocupaciones y no vemos el camino claro. Es ahí donde debemos ser más fuertes y vivir con intención, pensar y actuar en favor de que todo saldrá bien.

Si estás pasando por un mal momento hoy te pido que levantes tu cabeza y digas repetidas veces que "todo está bien" y permite que tu entorno se contagie de energía positiva. Confía y ten la esperanza de que todo empezará a funcionar. Todo estará bien, yo lo creo y así será. Créelo tú también.

#AMORPROPIO
Amando al "extraño" del espejo

Julian, a sus 86 años, decidió sentarse a conversar con uno de sus nietos, que todavía era un adolescente. Su intención era contarle una historia y a la vez darle un consejo muy valioso. Aprovechaba cada oportunidad para hablar con sus familiares, pues debido a algunas dificultades que presentaba en los pulmones, no sabía cuándo dejaría su cuerpo físico en manos de la tierra, quizás es un poco trágico, pero es algo que él repetía constantemente.

Le contó que en sus años de juventud tendía a ser muy cariñoso, atento, detallista y halagador. Todo esto bajo el marco del respeto. Donde iba siempre se le veía con una sonrisa, a los ojos de los demás era una persona con una vida estable, aparentemente muy pocas cosas le hacían daño. Casi siempre estaba dispuesto a brindar amor. Era la misma persona con su familia, pareja, las personas en su área de trabajo, los compañeros de estudio y hasta un desconocido que lo viera en la calle.

Gracias a la forma en como trataba a los demás, ganó muchos amigos y la confianza de personas que a diario le pedían consejos y recomendaciones acerca de cómo pasar alguna circunstancia en la vida, incluso le preguntaban la fórmula de su felicidad.

Era increíble lo que lograba cuando hablaba, todos le prestaban atención y poco a poco fue ganando la fama de «consejero». La mayoría de las personas en su entorno lo consideraban un ejemplo, alguien especial, con un estilo de vida envidiable. Lo cierto es que todo era una media verdad, Julian tenía una versión de sí mismo frente a lo que podría considerar su «público», pero cuando estaba solo, la realidad era otra.

A pesar de tener muy buen aspecto físico, según los parámetros de la sociedad, él se consideraba "horrible". Aunque tenía una sonrisa para las personas que lo veían, al llegar a casa se veía al espejo y su rostro sólo reflejaba desprecio y desamor. Se miraba fijamente a los ojos y se cuestionaba muchas veces sobre las razones que no le permitían sentir la felicidad, el amor y el cuidado que los demás sentían gracias a él.

Cansado de tantas preguntas sin respuestas, decidió hablar con uno de sus hermanos. Le contó cómo se sentía y la reacción de sorpresa de su receptor no se hizo esperar. Es muy posible que cualquier persona que escuchara esa realidad creería que era una mentira, un intento de ser empático y hacer creer que al igual que los demás, tenía una vida con altas y bajas.

Cuando Julian dejó de hablar, Alberto, su hermano, empezó a reírse a carcajadas. Él no entendía qué sucedía o por qué alguien se reiría ante un relato como ese.

—Lamento si mi risa te hizo sentir extraño. Es que me parece increíble cómo es la vida.

—¿A qué te refieres?

—Cuando llamaste a casa para pedirme que viniera, tomé el tren y me quedé en la estación más cercana, empecé a caminar y había un señor, aparentemente, predicando a través de un altoparlante. Seguí caminando y cuando casi doblaba en la esquina escuché que dijo "Ámate, dedícate palabras bonitas, reconoce tu valor y regálate una sonrisa junto al abrazo más fuerte que hayas dado". Me detuve un momento, sonreí y seguí mi camino hasta aquí.

—Ahora lo entiendo todo. Esas palabras eran para mí—dijo conmocionado.

—Ciertamente, hermano.

Hablaron unos minutos más y luego se despidieron. Ambos entendieron que la visita tuvo un propósito muy claro. Además, Julian recibió el consejo más importante de su vida y su nuevo compromiso era repetir esas palabras todas las veces que fuera necesario.

Tomó varias hojas de papel y escribió las palabras que le compartió su hermano. Pegó algunas en la habitación, en cada espejo disponible de la casa y también en su estación de trabajo. Cada vez que estaba parado frente a una de las hojas, leía lo que decía hasta tres veces. No quería olvidarlo. Al cabo de unos días empezó a sentir un cambio en su vida. Comenzó a verse con otros ojos y poco a poco sentía que era menos "horrible" y empezó a aceptarse.

Su conversación interna también cambió, se daba piropos, sonreía al verse en el espejo y cada vez que podía bailaba consigo mismo. Estaba reflejando en él la felicidad, el amor y el valor que tanto fomentaba en los demás. Entendió que la única forma en que podía sentir amor era empezando a amarse a sí mismo, aceptándose y valorando cada parte de su ser.

Tal y como sucedió con él en el pasado, su nieto había recibido las palabras que requería en ese momento, ya que tenía la capacidad de ver lo bueno en los demás, aunque se menospreciaba a sí mismo. Recibió el consejo con mucho agrado y le agradeció a su abuelo por tomarse el tiempo para conversar con él. Prometió no olvidar esas palabras y también hizo el compromiso de repetirlas cada vez que fuera necesario, estaba dispuesto a hacer un cambio en su vida y empezar a ver todo lo bueno que tenía.

La vida de este señor refleja la de muchas personas que he conocido y que quizás tú también conoces. Pasamos gran parte de nuestras vidas reconociendo el valor y los aspectos positivos de las personas que nos rodean, sin embargo, nos olvidamos de lo más importante: empezar a ver y reconocer todas esas cosas en nosotros mismos.

No está mal que le hagas reconocimientos a los demás, eso es algo muy positivo que le suma a la persona que recibe esas palabras y en cierta forma también tienen un efecto gratificante en ti, pero pregúntate qué sentido tiene hacer eso si al final del día no podrás repetir esas mismas palabras para ti. Si no te aceptas tal y como eres, ¿qué sentido tiene ver en los demás lo que no puedes ver en ti mismo?

Has leído más de una vez que no puedes dar a los demás aquello que no tienes. El que yo considero el libro más importante de este mundo, la Biblia, dice "amarás a tu prójimo como a ti mismo" y ambos razonamientos tienen una base clara, primero estás tú. Cuando te amas tienes la capacidad de amar a otros y también la posibilidad de empezar a sentir el amor que los demás sienten por ti. Pienso que este tema es importante y por eso encontrarás similitudes en varios relatos del libro.

No sé qué tan complicado sea para ti empezar a dedicarte palabras bonitas o cómo crees que te sentirás cuando alguien te vea dándote un abrazo, lo que sí sé es que cuando empieces a hacer todas esas cosas, todo cambiará y empezarás a verte de otra manera.

La historia de Julian vino a enseñarte o a recordarte algo importante, así que te invito a tomar lo mejor de su vida y a aplicarlo en la tuya. El día de hoy es un buen momento para fomentar nuevamente el amor propio, así que, si deseas, toma una hoja en blanco y escribe las siguientes palabras: *Me amo y me valoro. Hoy elijo ver todo lo bueno que hay en mí. Elijo aceptarme, reconocerme y amarme cada día un poco más que el anterior.*

Confío en que tu vida cambiará, que a partir de hoy serás una persona diferente y aunque, como todos los cambios, esto podría tomarte un tiempo, al final sentirás que no fue en vano, porque cada momento que te dediques a ti se verá reflejado en tu propio bienestar y entonces sabrás que sí, todo inicia contigo y luego se refleja en los demás.

#ADAPTACIÓN
El inútil intento de controlarlo todo

Al ver las piedras de esta imagen imagino su deseo de estar ahí, pero no ser alcanzadas por las olas del mar o que, al subir la marea en la noche o por algún fenómeno natural, ni una sola gota las salpique. Me pregunto si alguna vez han entendido el propósito por el que fueron ubicadas ahí, cuál es su función y, principalmente, si ya comprendieron que no pueden controlar los factores externos que puedan ocurrir. Me pregunto si algún día entenderán que posiblemente sí sean alcanzadas por el agua del mar y simplemente no podrán hacer nada al respecto.

Imagino que si pudieran decir algo algunas pedirían ser cambiadas de lugar, mientras que otras se adaptarían y aprovecharían esos momentos de oleaje fuerte para cambiar de posición, limpiar su superficie o simplemente reinventarse. Cada una, según su elección, tendrá la oportunidad de experimentar una experiencia única e incomparable Sólo deben elegir la forma en que lo enfrentarán.

Responde con mucha honestidad, ¿cuántas veces has querido controlar lo que sucede en tu exterior? ¿Cuántas veces has intentado caerle bien a todo el mundo y te ha frustrado la idea de que no sea así? ¿Cuántas veces hiciste cosas que no te gustaban, sólo por lucir bien?

Por favor entiende que no podrás controlar lo que sucede en tu entorno y debes eliminar la idea de que algún día podrás hacerlo. No le vas a caer bien a todo el que conozcas, lo que digas no será aceptado por todos y la opinión de los demás es un derecho adquirido que no puedes pretender cambiar o tomarte personal.

Sé auténtico, aunque algunas personas se alejen de ti a causa de ello. No te conviertas en una marioneta que ajusta sus movimientos para agradarle a un segmento de la sociedad, con el deseo de encajar. Comprende que no podrás controlar lo que otros opinen sobre ti y aunque estés en apertura para recibir palabras que te hagan crecer, la opinión más importante será la que tengas de ti mismo.

Fluye, abraza cada momento, aprovecha las circunstancias para crecer y evita creer que las cosas deben resultar tal y como lo esperas. Estás donde debes estar ahora, para bien o para "mal", y sólo de ti depende sacar provecho de ello y prepararte para el siguiente paso.

Siempre hay oportunidad de crecer, pero empieza a aceptar que estás donde debes estar y que moverte siempre será tu elección. Así que a partir de hoy pregúntate ¿lo puedo controlar? Y si la respuesta es no, déjalo así, muévete si es necesario y sigue siendo tú.

EL MEXICANO
Un talento sorpresivo e inolvidable

En junio de 2014 elegí Colombia como el destino para mis vacaciones, como todos los viajes que hacía, tenía un plan predefinido para lograr que el tiempo fuera suficiente y así realizar todas las actividades que estaban planificadas. En esta ocasión, había restado tiempo a la ciudad de Medellín, pues en mis últimos viajes era el lugar donde pasaba la mayor parte del tiempo. Esta vez quería expandir la aventura y conocer mucho más, además de compartir con personas en otras ciudades.

Pude conocer la selva amazónica, crucé caminando a una ciudad de Brasil donde tuve la oportunidad de probar algunas cosas de su cultura, sin dejar atrás algunos detalles para recordar y jugar con la gente haciéndoles creer que sabía hablar portugués. Dentro de toda la aventura también visité la Catedral de Sal de Zipaquirá, una grandiosa experiencia. Para mi sorpresa había logrado ir a más lugares de los planificado y aún me quedaban cuatro días para hacer algo más, así que decidí usar ese tiempo para visitar la ciudad de Medellín, reunirme con unos amigos y cerrar mis vacaciones, como dicen, con broche de oro. Compré un pasaje local y me dirigí a esa hermosa ciudad.

Llegué a un hostal que me gustaba mucho, me registré y fue ahí donde conocí a Jorge, quien luego recibió el apodo de "El Mexicano". Era alto, muy delgado, aparentaba tener 26 o 28 años, vestía con ropa que parecía dos veces su talla y su pelo, color castaño, llegaba a los hombros y sí, venía de México. Yo, que siempre he estado interesado en conocer historias, por alguna razón sentí que debía conocer la suya.

Es normal que en los hostales existan muchas culturas y generalmente es un tipo de hospedaje usado por personas con la mente muy abierta, multidisciplinarias y que están dispuestos a compartir habitación, cocina, baño y espacio común con gente que quizás nunca han visto y con quienes no comparten ni siquiera el idioma. Era el lugar perfecto para "botar el golpe".

La primera noche fue grandiosa, a pesar de que se cortó la energía eléctrica por más de una hora. Seis de los huéspedes nos reunimos en la zona de juegos y nos dimos cuenta de que había algunos instrumentos guardados, así que decidimos tomar los que más conocíamos, encendimos la luz de un celular y empezamos a hacer melodías. Uno de los chicos era muy bueno tocando el violín y empezó a tocar la canción "Zombie", y para sorpresa de todos la sabía tocar completa, así que los que pudimos le acompañamos con otros instrumentos, en mi caso la tambora.

En todo el tiempo que estábamos afuera, Jorge nos veía desde lejos, sonreía con timidez y no decía nada. Una de las administradoras del lugar hizo un comentario despectivo acerca de él, alegando que parecía tener problemas psicológicos por su manera de actuar, los demás no quisimos arruinar el momento, así que ignoramos lo que dijo y seguimos tocando hasta que llegó la hora de ir a dormir.

La mañana siguiente la mayoría empezamos a preparar el desayuno y cuando estábamos por terminar se escuchó un sonido extraño en la parte del patio, cuando observamos por la ventana, Jorge estaba sentado en una silla tocando un instrumento, siendo honesto era más bien un ruido, como cuando alguien intenta afinar su guitarra y toca sin ningún tipo de coordinación. Decidimos seguir organizando el desayuno, pero alguien que no pudo aguantarse hizo el segundo comentario despectivo relacionado con "El Mexicano", esta vez indicando que al parecer sintió envidia por los que sí tocaron instrumentos la noche anterior y eligió tocar en ese momento aun sin saber cómo hacerlo. Muchos se rieron de lo que dijo. A mí me pareció ofensivo, no entendía por qué hablaban así.

Cuando terminé de desayunar fui donde estaba Jorge; él seguía intentando algo con el violonchelo, o chelo, y yo no entendía exactamente qué. Ya estaba cansado de escuchar comentarios acerca de él y lo que decían estaba basado en puras teorías porque hasta el momento, que yo haya visto, ninguno se había acercado para conocer quién era, de dónde venía o por qué estaba ahí. Desde que lo vi tenía el interés de conocerlo, así que simplemente lo pregunté

—Hola, esto te parecerá extraño, pero quiero conocer tu historia.

—¿A qué te refieres?

—Es decir, me gustaría conocerte, de dónde vienes, tu familia, tus gustos o lo que desees contarme. Con detalles por favor ja ja.

—¡Ah!, me agarraste en curva. Es un poco raro, pero igual te cuento… bueno, digamos que nací en un hogar disfuncional, mi papá la neta que no era muy bueno con nosotros, su lenguaje de comunicación era el maltrato físico. Mi jefa entró en una depresión después que mi hermano más peque murió ahogado bajo su supervisión cuando tenía tres años, así que todo en mi casa se fue a la verga. Quise quedarme en casa y no funcionó, con el tiempo me cansé y a los catorce años decidí buscar chamba pa' mantenerme. Empecé lavando coches. Muchas veces tenía que quedarme donde pudiera y con el tiempo me acostumbré a vivir en la calle porque, aunque suene loco, era más tranquilo que estar en la casa…

—Perdón que te interrumpa, pero ¿estás bromeando verdad?—le pregunté muy incrédulo y realmente sorprendido.

—¡Ja! No hay pedo. Claro que no estoy bromeando.

—Ok, continúa por favor…

—Cuando cumplí 16 años estaba caminando cerca de un parque y vi que unos señores estaban tocando instrumentos, entre los que estaban la tambora, trompeta, saxofón y el chelo. Yo me quedé con cara de "what", me enamoré del chelo de inmediato, así que fui donde el señor que lo tocaba y le pregunté si podía enseñarme. Primero dijo que no tenía tiempo, insistí y me dijo que podía enseñarme cuando terminara de trabajar. El grupo se sentaba casi todos los días a recaudar dinero en el parque, ya tenían público. Es como se ganaban la vida durante mucho tiempo…

—Perdón que te interrumpa otra vez. Me parece raro que entre todos los instrumentos haya sido el violonchelo que llamará tu atención, aunque hace más interesante tu experiencia. Realmente no me esperaba nada parecido, ya me imagino escribiendo sobre ti ja ja ja.

—Es la neta mi carnal, aunque no creo que escribas nada de esto, a lo mejor se te olvida ja ja. Te sigo contando. Le dediqué mucho tiempo al instrumento y los años pasaron muy rápido, pero gracias a Dios no pasé todo ese tiempo en la calle, más bien uno de los señores me permitía quedarme en una pieza de su casa. Cuando cumplí 20 años ya era muy bueno con el chelo, así que empecé a cubrir a Antonio, el que me enseñó, porque a veces se enfermaba y no podía ir. Pasó mucho tiempo así, hasta que un día nos dieron la noticia de que había fallecido. Su regalo para mí fue este chelo que ves aquí, que desde entonces he cuidado y en honor a su nombre lo he tocado en muchos lugares, además de que con eso ganaba lana…

—Pero… Jorge, lo que escuché hace un rato no es como que sepas tocar ese instrumento…

—No manches ja ja ja, es que está desafinado. Ya verás. Cuando terminé de decirte todo tocaré algo para ti.

—¡Oh wao! Dale, dale, termina por favor.

—A mis 21 años me puse una meta, antes de cumplir veintiséis tenía que haber ahorrado el dinero para hacer mi primer viaje, así que combiné lo del parque con el lavado de coches y llegado el día me faltaba poco para lo que necesitaba, así que mis carnales me apoyaron con algo de sus ahorros. Hoy estoy aquí, en Colombia…

—¿Es en serio? ¿Este es tu primer viaje? —pregunté atónito.

—Sí. Por eso he estado un poco distante, me estoy acostumbrando, sin embargo, contigo sentí confianza. Eres el único que se me ha acercado, así que decidí compartir mi experiencia contigo. Nadie más se interesó por saber algo sobre mí.

Quedé sin palabras. Detrás de esa persona, que apenas había hablado en las últimas 24 horas, había una trayectoria de perseverancia y mucha, pero mucha disciplina. Le pedí un momento para asimilar lo que había escuchado; siendo honesto se me aguaron un poco los ojos por lo que me había enseñado, quizás sin pretenderlo. Mientras yo pensaba, él terminó de afinar el chelo y empezó a tocar la melodía más hermosa que hasta ese momento yo había escuchado.

Levanté la mirada y a pesar de ver que era él no lo podía creer. Se veía como un profesional. De inmediato saqué el celular y empecé a grabar, porque sentí que debía mantener ese recuerdo por la mayor cantidad de tiempo posible—sí, todavía conservo el vídeo de aquel grandioso momento—. Con una melodía inolvidable aprendí una valiosa lección. "El Mexicano" cumplió su objetivo.

Me hizo pensar en las veces que se nos hace tan fácil juzgar a una persona por su apariencia, por como habla, por su nacionalidad, religión, preferencias sexuales, un sinnúmero de cosas que nunca nos pueden dar el derecho a encasillar a las personas, simplemente porque no las entendemos o porque no nos hemos tomado el tiempo para conocer qué hay detrás de todo eso, sin pretender entenderlo, tener o dar la razón, simplemente para evitar entrar en el sucio juego de las suposiciones, donde alguien podría salir herido.

La historia de Jorge, a mi entender, quedó un poco inconclusa. Me interesaba saber qué había pasado con su familia, ¿seguían presentes o los dejó en el pasado? No me dejó con la duda. Me contó que a veces visitaba a su madre y que su padre se había marchado sin avisar y, hasta el momento, no tenían idea de su paradero. Agregó que antes de separarse, sus padres tuvieron otro hijo y al ver las condiciones en que vivía se comprometió a cuidarlo, hacer todo lo posible para apoyarlo y evitar que se repitiera lo que sucedió con él.

Decidí no contarle nada a las personas del hostal que lo habían criticado sin siquiera, al menos, de donde venía. Entendí que muchas veces las personas deben aprender a darse cuenta por sí solas de que han cometido una falta y en este caso, aún muy fresco, todo se resumía a tener las agallas de acercarse y hacerle una sencilla pregunta a ese joven con apariencia tímida, equipaje limitado, dinero contado y el gran poder de impactar mi vida para siempre.

La perseverancia de "El Mexicano" me hizo dar cuenta de que en muchas ocasiones he puesto excusas para no lograr algo. Él, a pesar de todas las circunstancias que le presentó la vida, tuvo la valentía de seguir firme y su disciplina le ayudó a salir adelante. Conocerlo y escuchar lo que dijo me hizo caer en un estado de reflexión profunda, evaluar mi vida y darme cuenta de que en muchas ocasiones me dejaba vencer por las circunstancias. Me motivó a escribir la experiencia y permitir que otras personas tengan la oportunidad de sacarle algún provecho, al igual que yo. Recordé la importancia de valorar a los demás sin importar su apariencia o de dónde vengan.

Ahora me gustaría que te sientes un momento a evaluar todas las veces que en pequeñas o grandes acciones has subestimado a una persona que ni siquiera conoces. Pregúntate cuántas veces has juzgado a alguien por su apariencia. Piensa un poco acerca de la forma en que, posiblemente, a veces adaptas la forma en que te comportas según el nivel de jerarquía, color de piel o estatus social de la otra persona.

Por favor no cometas el error de las personas en esta historia, que usaron el nombre de alguien más para denigrar y ofender, sin darse la oportunidad de conocerlo antes. Aprecia a cada persona con quien puedas compartir algún momento. Aplica cada día ese hermoso mandato de la biblia donde Jesús dijo "amarás a tu prójimo como a ti mismo". Conecta con esa idea, con toda tu alma, y entiende que, como quizás has visto o verás en otras partes de este libro, la ley de la siembra y la cosecha es una realidad en nuestras vidas.

Hoy estás leyendo esto porque yo elegí hacer la pregunta y ya ves el resultado, finalmente sí terminé escribiendo sobre su vida; seis años después. Imagina la cantidad de historias que puedes acumular y que al igual que Jorge te puedan permitir aprender algo nuevo, crecer y brillar un poco más. Puede que no lo hayas analizado, pero la persona que menos te imaginas puede tener el poder de darle un giro a tu vida.

Te propongo un reto. Sal a la calle y saluda al menos a diez personas que durante mucho tiempo has visto en algún banco, puente o suelo de la ciudad. Llévale un detalle, sé amable y pregúntale cómo se siente Quizás en principio crea que es una broma, pero cuando sienta que realmente estás practicando la empatía y estás conectando con su situación, ambos se podrán llevar una maravillosa sorpresa. ¿No te sientes seguro yendo solo? Busca compañía y comparte con alguien más la magia de conectar con la gente.

Espero que lo que acabas de leer te inspire y permita que descubras algo en ti. Además, me gustaría que te haga ver que, sin importar el tipo de experiencias que has tenido, de dónde vengas o cómo te veas, tienes el poder de impactar la vida de alguien, así como él lo hizo conmigo y deseo que pueda lograr el mismo efecto en cada persona que tenga la dicha de conocer y compartir su grandiosa historia.

#AUTOESTIMA
Sobreviviendo al acoso escolar

Cuando lo conocí, Isaías tenía dieciocho años y ya había superado una etapa gris de su vida. Me enteré de que soñaba con trabajar en la industria del cine, siendo actor. Además, que antes de cumplir diez años era muy apasionado con los estudios, le gustaba jugar con sus vecinos, mostraba una inocencia increíble en su forma de tratar a los demás, sonreía mucho y amaba el arte. Sin embargo, en los inicios de la adolescencia empezó a sentir la burla de algunos de sus compañeros en la escuela. Nació con labio leporino, un defecto de nacimiento producido porque su labio no se formó adecuadamente durante el proceso de embarazo y por falta recursos en su familia, no habían tenido la posibilidad de reunir el dinero para pagar una cirugía de reparación en sus primeros meses de vida, como es recomendado.

Cada día que pasaba las burlas empezaron a ganar poder y fueron afectando su autoestima. Evitaba relacionarse con personas en su entorno, pues temía que se rieran de su apariencia. La pasión por los estudios fue decayendo, ya no quería participar en clases y las pocas veces que lo hacía levantaba la mano para que no se vieran sus labios.

Sus padres estaban muy preocupados, aunque entendían que la única manera de devolverle su autoestima era recaudando fondos para pagar la cirugía. La estrategia de cambiarlo a otro centro de estudios no les había funcionado; era más bien una forma de trasladar el problema a otro lugar. Esta vez debían hacer algo diferente y urgente. Sentían que perdían a su hijo.

Algunos de los compañeros que lo conocían antes de entrar en la crisis decidieron hablar con él para que supiera que contaba con ellos y apoyarlo con algunas actividades de la escuela, pero Isaías los evitaba y en ocasiones les pedía no acercarse. Quería estar solo. Ya lo desconocían y no podían creer como alguien que casi siempre compartía una sonrisa, ahora sólo mostraba tristeza y caminaba totalmente cabizbajo.

Después de cinco años la situación sólo había mejorado un poco. Isaías recibió mucho apoyo de una terapeuta que estaba muy relacionada con la familia y aunque no recuperó su autoestima, al menos conversaba un poco más. Sus padres no estaban conformes con el rendimiento en la escuela, sin embargo, no quisieron presionarlo y empezaron a aceptar cualquier calificación. Sólo querían que su hijo estuviera estable.

Aunque ya muchos de sus amigos de infancia se habían alejado, Rosy, una de las más cercanas, se mantenía apoyándolo en todo lo que podía. Cuando veía que alguien intentaba burlarse de él, ella reaccionaba como escudo defensor y evitaba que eso llegara a sus oídos. Él no se enteraba de que lo estaban protegiendo, pero era parte de lo que permitía que tuviera un ambiente más sano, sin que le recordaran eso que ya se decía casi todos los días al espejo.

Una noche Rosy estaba buscando información acerca de la condición con la que había nacido su querido amigo y encontró un vídeo donde un chico hablaba sobre cómo el acoso escolar, o bullying en inglés, le había arrebatado gran parte de su vida y lo que hizo para salir de la depresión que esto le causó, recuperar su vida y volver a aceptarse completamente. Se emocionó al ver el contenido en su totalidad y lo compartió. Tenía la esperanza de que funcionara.

Cuando ya se disponía a dormir, Isaías recibió una notificación. Era el mensaje de Rosy. Confiaba mucho en ella, así que abrió el contenido sin pensarlo mucho. Dentro del contenido, el chico hablaba de lo que había sufrido y mostró unas fotos de cuando era adolescente. Él también tenía labio leporino.

Las lágrimas empezaron a brotar y mientras más escuchaba el testimonio del joven, más lloraba. Sentía que alguien más estaba viviendo su historia, así que conectó totalmente con lo que estaba viendo y cuando el vídeo estaba llegando al final, escuchó al joven decir "Por favor, no te avergüences de quién eres. Acéptate, muéstrate, sé tú". Quedó inmóvil, cerró los ojos, siguió llorando durante unos minutos y al mismo tiempo sintió como si alguien lo abrazara y le dijera "todo está bien".

Al otro día despertó más temprano de lo acostumbrado, se miró fijamente al espejo y por primera vez en muchos años no sintió lástima ni asco. Se sentía fuerte, seguro, como si nada ni nadie pudiera arrebatarle su tranquilidad. Aprovechó que era sábado, buscó una ropa elegante y salió de la habitación. Cuando sus padres lo vieron cruzando el pasillo de la casa quedaron anonadados, él no les dijo nada, sólo sonrío y siguió su camino. Su intención era visitar a Rosy, abrazarla y darle las gracias por nunca soltarlo, animarlo y confiar en que de alguna forma él podría volver a vivir en paz.

Después de ese día la vida de Isaías no volvió a ser igual y aunque las burlas no se detuvieron, había creado una barra de protección que impedía que tuvieran algún efecto negativo, pues se dio cuenta de que la opinión más importante que podía tener era la suya y eligió aceptarse y amarse tal y como era, por encima de cualquier circunstancia.

Me alegró saber lo que había sucedido, sin embargo, para mí fue muy extraño que por el simple hecho de ver un vídeo su vida "mágicamente" había cambiado, así que lo cuestioné al respecto y me aclaró que no sólo había sido eso. El audiovisual lo terminó de convencer, pero ya llevaba unas semanas reflexionando acerca de su situación y la forma en que le estaba afectando a él, a su familia y amistades. También mencionó lo mucho que lo estaba alejando de cumplir sus sueños. Tal parece que el vídeo era el último impulso que requería para estar bien, como deseaba. Su cambio fue progresivo y eso fue lo que más le gustó, porque sabía que no era una decisión drástica de la cual se arrepentiría luego.

Hablamos mucho acerca de las cosas que le habían sucedido y de no ser porque recibió el apoyo requerido y que eligió salir de ese hueco, las burlas de mucha gente pudieron llevarlo a cometer un error, pues ante tanta presión llegó a considerar acelerar su desaparición de la tierra. Decisión que han tomado muchos al ser dejados a su suerte, luchando a diario con lo que a veces parece ser una moda sin sentido.

Es bueno reírse, tener sentido del humor y hacer cualquier cosa que nos haga tener una vida más alegre. Nada de eso hace daño si para lograrlo no tenemos que denigrar a los demás o burlarnos de su apariencia. Puede que para nosotros resulte irrelevante, pero no sabemos quién está escuchando y el efecto resultante cuando se da cuenta de aquello que tanto le duele es usado para provocar risas.

Debemos entender que no todos tienen la misma fortaleza para enfrentarse al acoso, que podrían estar luchando internamente batallas que no muchos entenderían y al usar eso en su contra sólo estamos desencadenando una serie de sentimientos, muy poco agradables, que pueden provocar que caigan en un estado depresivo y sientan que es mejor aislarse de la sociedad.

Saluda y trata a todos bien sin importar que vengan con una condición de nacimiento o sufran de obesidad, sean cojos, ñatos, de baja estatura y otras cosas de las que hablo en este libro. Por favor sé amable; hazles saber que son personas importantes y muestra tu apertura para apoyarlos en todo lo que puedas.

Sal a la calle y empieza a practicar esto, si aún no lo haces, y verás el cambio en sus rostros al no sentirse juzgados. Se sentirán mejor al saber que a pesar de no entender totalmente las cosas que han tenido que pasar, al menos estás siendo empático y los hace sentirse parte de una sociedad que regularmente los rechaza.

Tu opinión sobre las personas puede ser enriquecedora o destructiva y aunque te pueda recomendar que sean positivas, siempre dependerá de ti elegir cómo quieres influir en los demás. Elige bien tus palabras y sigue enfocando tus energías en ser parte del cambio. Serás el héroe de alguien más y aunque no lo creas, salvarás una vida.

#OPORTUNIDADES
Sin acciones no hay grandeza

En una temporada difícil para el pueblo donde residía, una señora que gozaba de buena posición económica decidió hacer algo diferente para ayudar a su gente. Se reunió con un grupo de pescadores y de allí surgió la idea de preparar algunos botes y ponerlos a la disposición del pueblo, estos podrían usarlos y atrapar peces que podrían consumir o vender, según eligieran.

Cuando tenían todo listo y los pescadores se disponían a difundir la noticia en la comunidad, la señora les dijo que no podían decir nada. Los botes debían quedarse a la orilla del mar, en ellos tendrían agua, mapas de zonas donde la pesca sería más provechosa e incluso horarios para devolver el bote, pues la idea era que todos aprovecharan el beneficio. Alguien debía estar cerca, aunque sólo podía hablar con aquel que hiciera una pregunta acerca de los botes, con intención de usarlos. Todos estuvieron de acuerdo con lo establecido y así lo hicieron. Sentían que era un acuerdo justo.

Aunque muchos de los pescadores quisieron revelar el secreto, no lo hicieron. Sabían que la señora era propietaria de muchos establecimientos y de hacerlo podrían quedarse sin trabajo alguno.

Pasaron tres meses, muchos veían a los lejos, pero no se acercaban lo suficiente. Murmuraban acerca de las embarcaciones e incluso llegaron a crear mitos sobre ellos. Decían que estaban embrujados. Supusieron todo, menos que eso los pudiera salvar. Con el tiempo, la escasez los fue consumiendo, algunos enfermaron y los que pudieron se fueron del pueblo. Consideraban que sus tierras estaban malditas.

Ante este horrible escenario los pescadores le preguntaron a la señora por qué razón no difundió la noticia o simplemente aportó dinero para que muchas de esas personas tuvieran algo de comer. Ella, en una actitud considerada cruel para muchos, insistió en que darle a la gente lo que «necesita» era equivalente a dejarlos en el mismo lugar, sin un propósito o deseo de superación. Entendía que darles las herramientas para aprender a aprovechar las oportunidades y generar sus propios recursos era más inteligente y tendría mayor impacto.

Ahora que terminaste de leer este relato me gustaría hacerte unas preguntas, ¿cuántas veces has tenido oportunidades frente a tus ojos y las has perdido por temor? ¿Hasta cuándo seguirás limitándote? ¿Dejarás que el ego te evite conseguir cosas nuevas por no hacer una simple pregunta? ¿Qué opinas tú sobre eso de que "las oportunidades son calvas" y deben aprovecharse?

Lo que cuenta la historia les pasa a muchas personas a diario, porque deciden vivir con limitaciones, sin atreverse a hacer más por sentirse cómodos en su zona de confort. Se dejan contaminar de todas las voces negativas que alguna vez le dijeron "no puedes lograrlo" o simplemente buscan razones para procrastinar y quedarse en el mismo lugar.

La vida se trata de tomar riesgos. Comunícate más contigo mismo y con tu entorno. Evita vivir en la monotonía del "día a día" y no esperes que algo cambie en tu vida si no accionas. Reconoce tus talentos, acepta y trabaja tus debilidades. Mira al mundo como una fuente de posibilidades y aprovecha cada oportunidad que te ofrezca la vida, porque no estarán ahí para siempre. Levántate una vez más, suelta las ataduras y demuéstrate que sí puedes.

¡No esperes más, lánzate y descubre todo lo que puedes lograr!

PETRA LA PATRONA
Cosechando limones con sabor a fresa

Petronila Colón, mejor conocida como "Petra la patrona", término que podría usarse para definir a alguien que supervisa a otros o que simplemente es el "jefe". Aunque ella no lo sabía, había recibido ese apodo por parte de sus subalternos por la forma en que los trataba y porque en ningún momento se comportaba como una líder, más bien sentían la obligación de respetarla y seguir las instrucciones exactamente como las daba.

Era el tipo de personas a quienes hay que abrirle la puerta, presionar el botón del ascensor indicando el piso al que se dirigen y prepararle el café antes de que lleguen a su puesto de trabajo. Algunos intentaban justificar sus acciones usando como pretexto que era la jefa de seguridad en la institución y la posición en sí requería que la persona tuviera un carácter fuerte y se hiciera respetar.

Su conducta no era aceptada por la mayoría del personal en la empresa, mucho menos por aquellos que sufrían las consecuencias de su trato de manera directa. En trasfondo tampoco era la razón real por la cual actuaba de esa manera. Algunos empleados se quejaron de su comportamiento frente a los responsables de Recursos Humanos, pero sus intentos eran en vano, ya que no recibían respuesta favorable.

Muy contrario a lo que se creía, su jefe estaba "conforme" con los resultados que tenía. Pocos sabían que estaba ahí por un favor político y quien la supervisaba era un buen amigo de infancia, así que ante cualquier intento para que la desvincularan de la institución, él usaría sus influencias y no permitiría que sucediera. Años de atropello con total impunidad y aunque muchos optaron por renunciar, otros no tenían más opción que respirar, hacer silencio y aguantar.

Pasó mucho tiempo y la situación no cambiaba. Sin embargo, ocurrió algo inesperado. Un día muy agitado, cerca de la una de la tarde, hubo un incidente en el parqueo de la institución, ya que un empleado recién contratado había tomado el puesto reservado para el director de la entidad. Era normal que ese tipo de ubicaciones estuvieran identificadas, pero en este caso el letrero había sido retirado para realizar un cambio de nombre. El director había renunciado y el nuevo ocupante de la posición apenas iniciaba ese día. Con intención de resolver el tema uno de los responsables del parqueo le indicó dónde debía estacionarse y para sorpresa de ambos estaba ocupado.

Aunque no era necesaria su intervención, ya que habían ubicado al propietario del vehículo, Petra se dirigió a la escena y le reprochó de muy mala manera al empleado. Dijo tantas cosas desagradables que el director le pidió que se calmara, pero hizo caso omiso. Según su criterio, estacionarse en un lugar reservado era una falta grave, y aunque muchos pensaban igual, no estaban de acuerdo con la forma en que había abordado la situación. El empleado pidió disculpas repetidas veces y luego movió el vehículo. Ella sólo se disculpó con su superior y se retiró del lugar.

Inquieto por lo que había sucedido, al final de la tarde el director de la institución llamó a su asistente, le contó lo que había sucedido en el parqueo, externó su rechazo a la actitud de Petronila y preguntó si era algo que ocurría repetidas veces. Su asistente respondió con la verdad y admitió que muchos colaboradores se habían quejado por años y nada cambiaba. Él respiró profundo y sólo dijo "eso no está bien".

Al día siguiente, después de entrevistar a algunos de los empleados, el director se había convencido de que no podía tolerar ese tipo de actitudes, tomando como base el testimonio de las personas con las que había hablado y lo que presenció en su primer día de trabajo. Hizo los trámites correspondientes y para el final del día la temida patrona había sido notificada y desvinculada de la institución por comportamiento inadecuado y abuso de poder.

Cuando Petra se enteró de la noticia creyó que era una broma y sonrió sarcásticamente, ya que a su criterio no era posible que la despidieran, además de que alegó no haber hecho nada incorrecto. Sin tiempo para escuchar justificaciones, la directora de Recursos Humanos procedió a entregarle la carta, esperó por la firma y le pidió sus credenciales, a la vez que le informaba que en algunos días la iban a contactar para entregarle sus prestaciones laborales por los años en servicio. Ella tomó sus cosas, se dio la vuelta y dejó el lugar. Esto representaba un golpe muy duro, después de casi once años, aunque no bajo las mismas circunstancias, la historia se repetía.

Según el cálculo que había hecho, con ese dinero bien distribuido sumado a lo que recibía mensualmente gracias a su jubilación como militar, podría durar un buen tiempo sin trabajar para alguna institución. Eligió tomarse un tiempo para relajarse, realizar otras actividades y compartir más tiempo con sus familiares. Entendía que sería algo positivo y le permitiría desconectarse un poco de tanto afán.

Después de un año, y aún sin tener la necesidad inmediata de volver a trabajar, uno de sus hermanos le compartió el aviso de una vacante en el área de seguridad. Según la información que le suministró, la empresa tenía buena reputación y se caracterizaban por ofrecer buenos salarios y beneficios a sus empleados. Aunque ella se sentía un poco nerviosa al respecto, se veía muy tentador para dejarlo pasar. Se comunicó con la empresa y consiguió la entrevista.

Llegó a tiempo y con ropa muy elegante, además estaba un poco ansiosa ya que era su primera entrevista formal en muchos años. Unos minutos después la llamaron para iniciar con el proceso, se levantó y entró al salón donde había un señor esperándola

—Hola Sra. Petronila, ¿cómo se siente?

—Muy bien, gracias a Dios, ¿y usted?

—Estoy muy bien, gracias por preguntar… Ummm… me doy cuenta de que no me está reconociendo.

—No entiendo, ¿por qué debería conocerlo?

—Realmente no me sorprende que no recuerde quién soy. Hace unos tres años yo trabajé con usted en el área de seguridad, ¿de verdad no me recuerda?

—No señor. Quizás me está confundiendo.

—Créame, no la estoy confundiendo. Es difícil olvidar a una persona como usted. Sin ánimos de ofender.

—Vaya, pues la verdad no recuerdo su rostro señor. Le pregunto algo, con todo respeto, ¿me hará la entrevista o no?

—Sí, sí, claro. Sin embargo, me gustaría que fuera algo diferente. Yo conozco su capacidad y sé que puede desempeñar este puesto, aunque hay algo más que me preocupa sobre…

—¿Mi actitud? Se refiere a eso, ¿verdad? —interrumpió—. No me sorprendería…

—Justo eso señora. Me gustaría saber, si usted quiere contestar claro, ¿qué la llevó a eliminar la sonrisa de su rostro y tratar a los demás como inferiores la mayor parte del tiempo?

—¿Le hice eso a usted?

—Sí señora.

—Vaya. Mire, hace un año no le respondería esa pregunta. Me levantaría y me iría, pero quizás es momento de compartir eso con alguien y por alguna razón siento hacerlo con usted Sr…

—Claudio.

—Bien, Sr. Claudio. Como ve en mi hoja de vida yo fui militar y la mayor parte del tiempo que estuve en servicio tuve una actitud totalmente diferente a la que usted conoció. Sonreía y conversaba con mis compañeros. No me gustaba que otros me hicieran favores y en cierta forma me dejaba usar por mis superiores completando tareas que estaban asignadas a ellos.

»Durante mucho tiempo creí que eso me permitiría seguir creciendo en la institución. Me equivoqué. Si me observa bien, soy muy baja de estatura, así que regularmente recibía ofensas respecto a eso y el hecho de ser mujer para muchos era sinónimo de ineptitud. Por encima de todo eso yo continuaba enfocada, trabajando sin descanso, confiando en que mis resultados se vieran y en algún momento alguien me iba a notar.

»Sin esperarlo ese día llegó. Un comandante preguntó por unos informes que yo había hecho, le gustó mucho lo que vio, así que me recomendó para supervisar el departamento de investigaciones en mi pueblo, de manera interina. Al inicio fue una excelente noticia, pero a raíz de ello ocurrieron cosas que me hicieron cambiar.

»Cuando empecé a desempeñar el cargo seguía siendo la misma joven alegre y jocosa que todos conocían. Con el tiempo el personal a mi cargo empezó a incumplirme; los informes no estaban listos a tiempo e inventaban cualquier excusa, incluso para llegar pasados de hora. Como se podrá imaginar, eso empezó a incomodarme.

»Antes de tomar cualquier decisión hablé con mi superior acerca de la situación y me dijo que mi único problema es que siempre estaba comunicándome con el personal de manera jocosa y entretenida. Les sonreía demasiado y viniendo especialmente de una mujer eso generaba una confianza dañina. Me aconsejó ser un poco más dura y aunque le dije que era muy difícil hacer eso, él insistió en que lo intentara porque estaba seguro de que vería un cambio pronto.

»Gradualmente fui siendo más exigente, a veces decía algunas palabras fuertes para que me entendieran, empecé a cambiar la sonrisa por una cara más «perra» y corté las conversaciones en los pasillos. Empecé a ver los resultados, el personal empezó a responder. Durante un tiempo no me sentía cómoda, pero me fui acostumbrando hasta que elegí llevar eso a mi vida personal y sin darme cuenta perdí mucho de mi personalidad.

»Todo iba muy bien. Después de un año me confirmaron como la jefa del departamento y aunque el personal variaba de vez en cuando, el respeto seguía. Ya me había ganado una reputación. No puedo negarlo, con el pasar del tiempo me acostumbré al «poder» que tenía. Siento que gracias a mi cambio dejaron de discriminarme por ser mujer y empezaron a darse cuenta de la capacidad que tenía para dirigir un departamento con hombres a mi cargo.

»Al parecer no todo podía ir también, alguien tenía que cagarla. Un día estaba a punto de retirarme a casa cuando uno de mis superiores entró a mi oficina y me pidió sentarme un momento. Cuando empezó a hablar presentí que algo malo saldría de esa conversación, su tono y los gestos que hacía me lo decían. Me pidió ubicar un caso que estábamos investigando y sin mucho rodeo dijo que lo dejáramos. No podíamos seguir con esa investigación. Fue una sorpresa para mí y en principio no lo tomé muy en serio porque creí que era una prueba de integridad. Luego, su insistencia y cambio de tono me indicaron que no era un juego; obviamente tampoco una prueba.

»Me negué. Le expliqué que teníamos meses trabajando en el caso y él insistió en que no podíamos continuar. Había intereses de por medio. Fijé mi posición y la conversación terminó con una amenaza. Me fui a casa esperando lo peor y la mañana siguiente cuando regresé a la oficina no me permitieron entrar. El poder ganó y fui forzada a tomar mi jubilación, por motivos que realmente no me aplicaban. Intenté razonar con mis superiores, olvidé la integridad y ofrecí dejar el caso, pero ante la gran «ofensa» no había solución.

»Me llené de rabia, sentí que era muy injusto lo había sucedido. Tenía que sacarlo de alguna manera. Así que cuando un amigo me llamó para ofrecerme el cargo de encargada de seguridad, en la empresa donde usted dice que yo le hice daño, pues elegí todo ese «poder» para devolverle a otros lo que me hicieron. Créalo o no, yo sentía que hacía lo correcto. Entendía que era una forma de curarme. Entonces… si se da cuenta amigo, fueron mis circunstancias que me hicieron ser la persona que soy y es una lástima que usted y otras personas se hayan visto afectadas, pero así de injusta es la vida, unos pagan por otros.

—Señora, ¿puedo interrumpir un momento?

—Ya me interrumpió y no hablaré más. Le dije lo que quería saber, ahora puede tomar la decisión más obvia…

—Antes de hablar sobre mi decisión me gustaría pedirle disculpas…

—Oigan a este, ¿usted está intentando jugar conmigo Sr. Claudio?

—No, claro que no. Estoy hablando en serio señora. Repito, aunque no estuve de acuerdo con su forma de tratarnos, la juzgué más de lo que merecía porque no conocía su historia y con eso no justifico sus malas acciones. Sin embargo, de haber conocido parte de lo que ha vivido, quizás habría visto todo desde otra perspectiva y no me lo hubiese tomado tan personal; así que le pido disculpas por eso. A pesar de todo lo que ya conocemos, por mi parte, usted está contratada.

Ella estaba sorprendida, porque además de haber recibido una disculpa por algo que entendía era su culpa, también había recibido la oportunidad de trabajar cuando había asumido que la "respuesta obvia" es que le negarían el puesto. Por primera vez en mucho tiempo se quedó sin palabras, sintió que algo se descongeló dentro de ella y lo expresó con algunas lágrimas que empezaron a recorrer por su rostro. Había recibido una lección de vida al darse cuenta de que alguien pudo tener la oportunidad de repetir sus acciones, devolver con la misma moneda y, por el contrario, le dio la oportunidad de enmendar su camino, ser una persona de bien y tratar a los demás con el respeto que merecen.

Estrechó fuertemente la mano del Sr. Claudio, que a partir de ese momento se convertiría en su supervisor y salió del salón con una sonrisa. Petra sabía que le iba a costar dejar atrás las malas costumbres y salió de ahí sintiendo el compromiso de evaluar sus actuaciones. Todo indicaba que estaba dispuesta a hacerlo todo con el fin de volver a ser esa persona amable y empática a quien le importaban los demás.

He tenido la oportunidad de conocer a muchas personas parecidas a Petronila Colón, que ajustan su personalidad y la forma de actuar según las circunstancias bajo las que le toca vivir. Personas que maltratan a los demás por el simple hecho de que alguna vez fueron maltratados por alguien más. He conocido a muchos que almacenan frustraciones y poco a poco son consumidos por ellas. Me ha tocado ver personas que prefieren la venganza y actúan injustamente, descargando en otros los males de su propia existencia.

¿Qué tiene de justo el hecho de que vayamos esparciendo en otros el dolor de las lágrimas que hemos reprimido por no llorar? ¿Acaso un hijo debe pagar las consecuencias de las discusiones que existen entre sus padres? ¿Se volverá una normalidad que un "jefe" maltrate a sus empleados porque le "exigen" más? ¿Hasta cuándo haremos responsables a los demás de las experiencias negativas que nos ha tocado vivir? ¿Cuántas personas como Petra tendremos que toparnos en la vida para entender que el mal siempre atraerá mal?

Son muchas las preguntas que me hago al pensar en la historia de esta joven alegre que llegó a su adultez como una amargada, porque en lugar de curarse por sus propios medios entendió que era más fácil multiplicar en otros todo lo malo que había recibido. Empezó a usar una máscara que poco a poco se fue comiendo su esencia, hasta que sólo quedaron las cenizas de lo que un día fue Petronila.

El Sr. Claudio me recordó lo que he escuchado muchas veces, y quizás tú también, acerca de que una persona da exactamente lo que tiene la capacidad de dar y él eligió el respeto, amor al prójimo y más que todo la empatía. A pesar de estar frente a alguien que le dio todo lo contrario, su esencia no se vio comprometida y puso en práctica el trato que le gustaría recibir de los demás, sin importar las circunstancias. Recordé con él la importancia de escuchar a los demás, entender su historia y sin justificar lo mal hecho al menos crear conciencia sobre el origen de las cosas.

Sé que muchos consideran la vida «injusta» porque posiblemente reciben maltrato, alguien se burla de ellos, los minimizan o no los toman en cuenta. También sé que no puedo juzgar a las personas que quieran aplicar los métodos de Petra, sin embargo, los invito a ver la clase de resultados que obtuvo ella y el daño que causó. Es exactamente lo que podría suceder en sus vidas de continuar actuando así. Mi rol en este libro se limita a compartir experiencias y reflexiones, esperando que cada persona, al igual que yo, reciba un mensaje positivo.

Habiendo dicho lo anterior, me dirijo a ti persona importante y valiosa que estás leyendo o escuchando en este momento. La primera pregunta, compuesta, que se me ocurre hacerte es, ¿qué aprendiste de esta historia y cómo vas a usarla para cambiar algo en tu vida o en la de alguien cercano a ti?

Quizás en algún punto de tu vida vas a encontrarte con alguien que querrá hacerte daño; dentro de tu nido familiar, entorno laboral, círculo de amistades o vida de pareja. Sentirás la tentación de repetir las mismas palabras ofensivas, creerás que "defender tu honor" incluye devolver el mismo odio, rechazo o salvajismo que alguien más depositó en ti. Iniciarás una intensa lucha contra tu propio ego y buscarás ganar para así evitar ser igual a la persona que intenta hacerte daño.

¿Tendrías la capacidad de escuchar a alguien diciendo cosas negativas acerca de ti y ser inmune a eso? Antes de que digas que no, pregúntate ¿acaso es verdad lo que esa persona está diciendo sobre mí? ¿Debo permitir que me afecte? Sé que te estoy haciendo muchas preguntas, pero son exactamente las preguntas que debes hacerte antes de tomar la palabra de alguien que quizás no te conoce y aunque lo haga no tiene debe tener la fuerza para ofenderte o denigrar tu persona, primero porque llevas dentro una seguridad enorme de lo que realmente eres y estás consciente de ello.

Cuando aprendes a crear ese caparazón de amor propio, madurez emocional y estás dispuesto a defender tu esencia por encima de cualquier cosa, tu vida se vuelve más tranquila. Esto no significa, en lo absoluto, que si recibes maltrato dentro de tu entorno laboral, por ejemplo, debas quedarte porque tu ser está «fortalecido». Me refiero a que cuando sucedan esas cosas, en cualquier entorno, tendrás la fortaleza para soportarlo sin reaccionar a ello. Sin olvidar que, dentro de lo posible, debes ejecutar las acciones requeridas para liberarte de un ambiente que no es sano y busca afectar tu bienestar emocional.

Trata a los demás con respeto y no permitas que las circunstancias te conviertan en una persona que no puedas reconocer luego. Pregúntate cada día, si alguien me hace daño ¿quién me da el derecho a pagar eso con los demás?

Perdona a cada persona que ha actuado como Petra en tu vida. Sana lo que te hayan causado y si tienes la oportunidad de verlos nuevamente, trátalos con respeto, cordialidad y altura, porque esas acciones hablarán de ti y demostrarán que sí sabes marcar la diferencia.

#AUTOEVALUACIÓN
¿Y en ti, hay belleza?

Cuando tomé la fotografía que ves más arriba no le presté mucha atención, iba en un barco con un grupo de amigos y aunque usé el móvil temporalmente, elegí hacer una captura rápida para aprovechar el tiempo con ellos. No fue hasta unas horas después que tuve la oportunidad de ver la imagen con detenimiento y mi primera reacción fue decir "¡Wao, cuanta belleza!".

Empecé a notar los detalles en la fotografía. La magnífica combinación de colores en el cielo—una mezcla de naranja, crema y azul— y como combinaba perfectamente con la oscuridad del océano. Amé la forma en que las distintas siluetas de los edificios crean un contraste con todo lo demás y esas pequeñas luces blancas que, a pesar de ser pocas, le daban un toque espectacular. Todos los detalles juntos creaban una nueva obra de arte patrocinada por la naturaleza.

Al igual que yo, es muy posible que ante este y otros escenarios de la vida tu reacción haya sido de asombro, agrado y admiración. Nos tomamos el tiempo para observar, resaltar detalles importantes y emitir una opinión favorable—o quizás no tan favorable, pero en este momento nos quedaremos con ese escenario, ¿de acuerdo?—.

Eso me lleva a preguntarte, ¿cuándo fue la última vez que dijiste algo bueno acerca de ti? ¿Recuerdas la última vez que admiraste una de tus acciones? ¿Tienes idea de cuándo fue la última vez que reconociste tu esfuerzo por haber cumplido alguna meta?

¿Recuerdas la historia del Sr. Julian, unas páginas atrás? Nuevamente llegamos a la conclusión de que regularmente tenemos muchas palabras para admirar lo que vemos fuera, y con esto no me refiero únicamente a lo físico o material, sino también a aquellas acciones y logros que obtienen los demás. Son muy pocas las veces que nos sentamos a evaluar nuestra vida en forma positiva o reconociendo lo que estamos haciendo bien. Parece ser más fácil pasar por alto lo bueno y enfocarnos en las deficiencias que tenemos.

Así como yo me he sentado varias veces a reconocer lo bello de la naturaleza, he conocido a muchas personas que se pasan horas revisando las redes sociales de «figuras públicas» o «influencers» para elogiar sus logros, la ropa que usan o celebrar la cantidad de "me gusta" que recibieron en una publicación, pero muy pocas veces centran ese nivel de atención en ellos mismos—al final de este libro verás lo que, según mi opinión personal, esto puede provocar en las personas.

Por favor, suelta ya la mala costumbre de no darte amor, pensar lo peor de ti y a veces querer sentirte inferior a los demás. Eres una persona que tiene la capacidad de lograr todo aquello que se proponga y tu valor no tiene ningún tipo de comparación. Basta ya de comparar tus logros con los resultados de otros. Dale valor a cada paso que des en tu vida y más si están orientados a crear una mejor versión de ti.

Reconoce lo bueno de tu exterior, es un acto totalmente válido, pero nunca te olvides de empezar por ti. Dedícate cartas, palabras de ánimo, reconoce lo bueno y lo malo. Recuerda que la manera en cómo veas tu propia vida es como los demás te verán a ti, sin importar las apariencias o lo que quieras proyectar ante ellos.

Te invito a que vayas a un espejo y converses contigo, te des amor, reconozcas tu belleza; te regales una sonrisa y el abrazo más fuerte que hayas dado. Tu vida cambiará a partir del momento en que tu amor propio sobrepase el que sientas por cualquier otra cosa. Créelo.

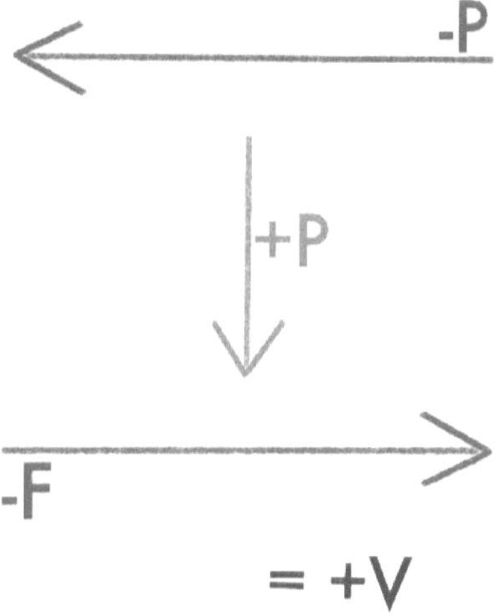

~~PASADO, FUTURO~~: PRESENTE
Luchando contra el ayer y el mañana

Ahí estás, delante de un espejo, mirando fijamente a tus ojos, recordando esas cosas que han sucedido en tu vida y que quisieras haber hecho de otra manera. De repente dejas de escuchar cada sonido a tu alrededor, no escuchas tu celular, ni los vehículos de la calle, tu mente queda totalmente en blanco y sólo puedes ver como tus pensamientos se convierten en historias.

Vuelves a ese momento importante que marcó tu vida, te ves ahí. Un reflejo de ti repitiendo las mismas palabras, recibiendo la misma acción. Nada ha cambiado. Intentas evitarlo y no es posible. Intentas hablarte a ti mismo y tampoco es posible. Sigues cambiando el recuerdo, o teniendo el deseo de que puedas cambiarlo. Buscas al menos una oportunidad de deshacer lo que está sucediendo o simplemente ajustar tus acciones, pero te das cuenta de que no tienes la capacidad de hacerlo. Está sellado.

Has recorrido la mayor cantidad de experiencias negativas que has acumulado durante tu trayecto de vida, incluso esas que pudieron haber sucedido hace unos pocos minutos, horas, días o semanas. La frustración crece en ti, sin embargo, sigues ahí frente al espejo, no te quieres dar por vencido; así que cambias la estrategia y como no puedes cambiar el pasado empiezas a imaginar tu futuro. Te visualizas en ese viaje soñado, aunque cuando observas con detenimiento, estás ahí, pero nadie te ve. No estás disfrutando la experiencia.

Crees que es una confusión, así que cambias de pensamiento y te visualizas haciendo algo que siempre has querido disfrutar y nuevamente no tienes la capacidad de conectar con el momento. Entonces te preguntas ¿por qué? ¿Qué estoy haciendo mal? Aprietas los ojos para ver si estás perdiendo la concentración, pero sigue siendo imposible que conectes tu ser con un sentimiento futuro. La frustración regresa a tu vida y quieres escapar. Ya no quieres seguir pensando en lo que sucedió y mucho menos en lo que vendrá, porque cuando pensaste en el futuro dabas por hecho que podías diseñarlo a tu antojo y te diste cuenta de que no era tan fácil.

Abres los ojos y nuevamente haces un intento de pensar algo y conectarte con tu ser. En ese momento bloqueas los pensamientos del pasado, evitas pensar en el futuro y te enfocas simplemente en tu respiración. Inhalas y exhalas lentamente por la nariz. Lo sigues repitiendo hasta sentir una paz profunda en tu corazón. Empezaste a percibir lo que sucedía en tu entorno, a vivir en el ahora y con la calma que has generado, te das cuenta de que ahí es. Ese es el lugar al que perteneces y desde el cual puedes decidir; el lugar donde tienes la oportunidad de elegir y rediseñarte según vas viviendo.

• • •

Espero que al menos por un momento te hayas transportado a ese espejo y hayas imaginado cada parte de lo que expreso aquí, aplicado a tu propia vida. Si nunca has hecho un ejercicio similar o hace mucho tiempo que no lo haces, te invito a pararte y hacerlo. Te servirá de mucho. Créeme.

El ser humano pasa la mayor parte de su tiempo en un columpio, haciendo viajes al pasado y al futuro, sin darse cuenta de que con el simple hecho de detenerse pueden empezar a vivir el presente, estar en su centro y poder decidir a partir de ahí.

¿Por qué pasarte la mayor parte de tu vida torturándote por las cosas que no pudiste hacer? ¿Cuántas veces vas a permitir que esos pensamientos arruinen tu presente antes de tomar la decisión de continuar? ¿Cuánto amor te falta para cuidarte más?

Quizás te has preguntado, ¿y entonces simplemente deshecho las malas experiencias como si nunca hubieran pasado? La respuesta es no. Además de mí, que lo repito varias veces en este libro, encontrarás a muchos escritores que serán muy insistentes con el hecho de que puedes usar tus «malas» experiencias para aprender y diseñar nuevos caminos donde no tropieces con las mismas piedras.

¿Cuándo vas a mencionar y darle importancia a las buenas experiencias? ¿Fueron parte de tus pensamientos mientras estabas frente al espejo? ¿Cuándo fue la última vez que sonreíste pensando en algo bueno que te sucedió? ¿Cuándo fue la última vez que reconociste una buena acción de tu parte? Mientras has leído este libro seguro has encontrado más de un lugar donde hablo acerca de valorar las cosas buenas que hay en ti.

Lo más común es que las personas enfoquen sus pensamientos en lo negativo y se pasen los días torturándose por ello; por lo que hace muchos años he empezado a compartir la frase "por cada cosa negativa que te ocurra piensa en cinco cosas positivas". Si algo te hará daño en la vida que sea sólo una vez.

No criticaré a quien piensa en su futuro de manera esporádica, ni tampoco a quien sea creativo imaginando lo que desea en la vida. Aunque conociéndome bien, tampoco criticaré a quien sí pasa sus días pensando en lo que vendrá, pero me reservo el derecho de darle un sencillo consejo al respecto: no sigas—fácil de entender, ¿verdad?

¿De qué te sirve vivir en una constante incertidumbre por lo que viene? Llegas a los lugares con predisposición, simplemente porque has decidido adelantarte, traer el futuro "a tus pies" y cambiar todo lo que sucederá en tu mente. No disfrutas las cosas espontáneas, quieres estar un paso por delante para sentirte «importante» o que simplemente te vean. A raíz de eso te olvidas de valorar lo más preciado: el presente.

Recuerda la reflexión que leíste sobre las rocas y no seas parte del montón de personas que cree poder dominarlo todo. No creas que puedes controlar todas las circunstancias y empieza a enfocarte a vivir tu vida. Un paso a la vez.

Disfruta a quien tienes en tu vida ahora, no "predigas" el futuro con la mal utilizada frase "puedo hacerlo mañana", porque cada vez que haces eso te arriesgas, al igual que muchos, a no poder lograr cosas en la vida. Si no accionas hoy, no esperes resultados distintos el día de mañana y mucho menos tengas el descaro de reclamarle a tu Dios, al universo o a tu entorno por no haber recibido lo que esperabas.

Tu vida irá cambiando a medida que empieces a dejar que las cosas vayan al ritmo que deben ir, cuando logres crear una armonía casi perfecta entre tus pensamientos, palabras y acciones. Todo el potencial que tienes no se puede ver desperdiciado gracias a que tu mente esté repleta de cosas que no están relacionadas con tu realidad.

Olvida y perdona esas palabras de personas que no confiaron en ti, que alguna vez te dijeron que no ibas a lograr nada. Rechaza de tu vida esos sentimientos de odio y rencor. Perdona a quien te haya ofendido y perdónate por las ofensas que hayas hecho en tu vida. Tienes el derecho de ser libre de toda atadura a pensamientos que te crucifican a la cruz del fracaso. Tienes derecho a salir de la mediocridad, viviendo tu presente al 100%.

Por favor, nunca vuelvas a poner tu presente en el último lugar, porque sin importar lo que haya sucedido en tu vida, te mereces más que eso y debes valorar cada pálpito que te brinda el corazón. Aprovecha cada día para luchar con más fuerzas con el fin de ver tus sueños hechos realidad.

Valora a tu familia, llama a alguien que te importe, retoma tus proyectos, esos que alguna vez creíste que serían un fracaso. Reconéctate con las personas que más te importan en la vida. Genera nuevos amigos. Prepárate y date ese regalo que tanto has querido, y no te olvides de volver a ese espejo donde durante muchos días te viste triste, cabizbajo y desesperado. Regresa ahí, pero ahora empoderado de tu ser, con el presente en tus manos; con el deseo firme de seguir volando más alto, camino a la grandeza. Esa grandeza que tú y todos nosotros merecemos.

JACINTO EL SILENCIOSO
Un silencio de muchas palabras

Llegó a la universidad creyendo que todo sería más fácil, suponiendo, quizá, que le funcionarían los mismos métodos que usó en los estudios primarios. A poco tiempo de haber iniciado la carrera se daría cuenta de que más allá de recibir conocimientos para ser un buen profesional, también se enfrentaría a un gran reto que lo marcaría de por vida.

Jacinto Jimaquen era uno de esos estudiantes a los que no le gustaba quedarse en el recinto universitario conversando con otros compañeros mientras llegaba la siguiente sesión, así que regularmente salía a caminar por el campus o simplemente estudiaba cualquier cosa para entretenerse y sentir que el tiempo pasaba más rápido.

A pesar de que procuraba ser una persona enfocada en los estudios, sus primeras calificaciones le resultaron difíciles de aceptar. Quería que en el nuevo cuatrimestre las cosas mejoraran y estaba dispuesto a hacer lo necesario para lograrlo. Incluyendo aislarse de los demás. En poco tiempo, y aunque no lo sabía todavía, ya era considerado como un antisocial por algunos de sus compañeros que casi siempre lo veían en una esquina solo, ya sea observando casi todo lo que se movía en el entorno o leyendo un libro.

Un sábado por la mañana uno de sus maestros le pidió que se pusiera de pie y cuando así lo hizo pidió a todos sus compañeros que le dieran un aplauso. Aún nadie, excepto el maestro, sabía lo que estaba sucediendo—y no sabía que con esa acción había desatado lo que a partir de ese día sería un aparente infierno para Jacinto—. Minutos después el secreto fue revelado: lo estaban reconociendo por haber realizado unos talleres en línea y haber obtenido la mayor calificación.

Dado que el contenido de los talleres era muy similar a lo que se trataba en la materia, el maestro le dijo que automáticamente tenía la nota máxima y su asistencia en el salón de clases sería opcional. A pesar de que la noticia era agradable—especialmente para el beneficiario—, no le gustó a la mayoría de sus compañeros y de inmediato reflejaron su incomodidad sin que ello pudiera modificar la decisión que había sido tomada. Él no entendía la reacción de sus compañeros, pero eligió no decir nada. A partir de ese momento quedó en la mira de un grupo de estudiantes que buscarían la forma de complicar un poco más su vida universitaria.

Durante los meses siguientes el acoso era constante y se repetía con mayor facilidad debido a que debía impartir las mismas materias con algunos de los implicados en el «incidente» de la materia exonerada. Las veces que a Jacinto le tocaba exponer un tema era interrumpido con ruidos de celulares, conversaciones dentro del salón. Otras veces simplemente no recibía la atención que merecía. Era una situación incómoda y en la cual una persona podría alterarse o sentir algún tipo de irrespeto por la conducta de sus compañeros, sin embargo, él hacía silencio, concluía sus deberes y regresaba a su asiento.

Molestar tanto y no tener ninguna respuesta de quien «debía» ser su víctima, hizo que muchos fueran dejando de hacer comentarios denigrantes o de burla acerca de él, pero como el "demonio nunca descansa" se vio envuelto en una nueva situación incómoda con un maestro que, sin ningún tipo de remordimiento, le aconsejó cambiarse de carrera porque nunca sería ingeniero civil. Agregando que de no hacer el cambio sería una vergüenza.

Los argumentos que acompañaban su «consejo» se basaban en la baja calificación que Jacinto tenía en la materia que impartía y que debido al bajo rendimiento—y por lastima, según sus palabras—, le había puesto la puntuación mínima requerida para aprobar. Sus palabras de desaliento hicieron efecto, mas no el que, quizás, esperaba. Lo que dijo sirvió de motivación para que las cosas cambiaran.

Jacinto empezó a cuestionarse acerca de cómo estaba llevando el proceso universitario y aceptó que no estaba poniendo su máximo esfuerzo en algunas materias, muchas veces porque entendía que no tenían repercusión alguna en su vida como profesional. Ciertamente se había equivocado al pensar así. Aunque casi nunca hablaba con las personas acerca de lo que le decían, buscaba el momento para reflexionar al respecto y sacarle provecho a cada circunstancia.

Los cambios que aplicó le dieron resultados y se veía reflejado en la mejora de sus calificaciones y la forma en que se concentraba para completar las asignaciones de las materias. Cuando las materias eran muy difíciles se le podía ver en la biblioteca tomando libros prestados para poder avanzar en casa, llegando a pagar, en algunas ocasiones, multas por usarlos más tiempo del estipulado.

Sus acciones llamaron la atención nuevamente y esta vez le decían que se volvería loco por estudiar tanto y no sacar el tiempo para hacer una vida social—lo que para muchos significaba reunirse a tomar alcohol o visitar una disco después de clases—. Él hacía caso omiso a estos pronunciamientos y continuaba moviéndose por todos lados con libros enormes, sin que pareciera importarle la opinión de los demás.

Aunque lograba mantenerse firme en sus convicciones, en varias ocasiones veía el comportamiento de algunos estudiantes y la tranquilidad con la que aparentaban llevar todo el proceso de estudio. Una parte de él quería lograr sentir eso y no andar siempre estresado por las tantas cosas que debía hacer, porque como al parecer no era suficiente cursar hasta siete materias por periodo, también había empezado a trabajar para cubrir sus gastos.

Una mañana despertó con la curiosa idea de diseñar una charla dirigida a estudiantes de la universidad en la que estudiaba y ver la posibilidad de llegar a otros centros de estudios a nivel nacional. Su propósito era llevar un mensaje de motivación para esos estudiantes que todavía no sabían lo que querían y que, similar a él, habían chocado de frente con la realidad de lo que realmente significaba estudiar, trabajar y vivir lejos de su ciudad natal.

Hizo la propuesta y rápidamente fue aceptada por el centro de estudios. Además de que era totalmente gratis, también sería un aporte importante para la comunidad. Fue así como poco a poco dio a conocer el proyecto y ya no sólo llamaba la atención de ese grupo de compañeros que buscaban entretenerlo, sino que también saltaba a los ojos de algunos maestros que empezaban a conocer su nombre.

Todo lo que había hecho para lograr llevar a cabo el proyecto empezó a mostrar resultados y a unos pocos meses de haber iniciado fue convocado a una reunión donde la encargada de la carrera le dijo que había sido seleccionado para viajar a otro país, todo pago, a representar la universidad. Fue elegido entre más de veinte opciones por voto unánime de los maestros que pertenecían al consejo. Naturalmente era algo bueno para cualquier persona, aunque para él significaba mucho más. Representaba tres años de resiliencia, enfoque y silencio—incluyendo las veces que erró como humano.

Conforme el tiempo pasaba sus pensamientos se iban aclarando. Ahora sabía que venía dando los pasos correctos, a pesar de esos momentos donde su mente se nubló y llegó a pensar que nadie valoraba lo que hacía. También se dio cuenta de que sus acciones llevaban mucho tiempo hablando por él. Los momentos amargos no lo desviaron y logró concluir su carrera con éxito. Quizás no con el mejor índice académico, pero sí con la satisfacción del deber cumplido.

Muchos de los que lo criticaban todavía seguían estudiando, se retiraron o simplemente cambiaron de carrera. Con el ego herido vieron crecer a alguien que ante sus tantos ataques prefirió hacer silencio y seguir enfocado en las cosas que realmente importaban. Lo que sí le permitiría salir adelante y triunfar por encima de las circunstancias. Dolió ver crecer a quien consideraban un fracasado.

El maestro que le indicó que nunca sería un ingeniero, aparentemente sin recordar sus palabras—o quizás sí, quién sabe—, lo reconoció delante de un grupo de egresados y a la vez le solicitó ser parte del programa de docentes en materias relacionadas con la carrera. Un nuevo acontecimiento le seguía recordando que en la vida todo se acomoda y que sólo debemos permitir que las cosas fluyan.

Esta historia me hizo recordar que el silencio es, muchas veces, una de las armas más poderosas que podemos tener. Me hizo preguntarme por qué debemos defendernos cuando alguien habla mal de nosotros, a veces sin conocernos, si estamos conscientes de lo que llevamos dentro. Jacinto eligió seguir ser enfocado, cumplir su palabra y dejar a un lado la opinión de los demás, que en nada lo definía.

Aunque no fue fácil soportarlo, no se dejó consumir la energía por todos esos vampiros de energía positiva que buscaban llevarlo al fracaso. Sabía lo que quería, y en lugar de detenerse para reprochar o ser quien criticara a los demás por sus acciones, eligió marcar la diferencia y no pagar con la misma moneda, ¿qué harías tú?

He visto muchas personas discutir con alguien más por las cosas que dicen a sus espaldas. Descargan toda su energía dándole poder a alguien para elegir sus emociones. Sé que has leído o escuchado, más de una vez, que cuando una persona critica a otro está hablando más de sí mismo que de la supuesta víctima. Así que toma eso en cuenta y deja que las personas hablen lo que deseen, sin que eso afecte tu estado de ánimo, porque si no lo haces así te convertirás en algo que con el tiempo no vas a conocer.

Te vas a encontrar con muchas piedras en el camino, en cada etapa de tu vida, pero repito: eres la persona que tiene el control de elegir a qué decirle prestarle atención. Con el tiempo te irás dando cuenta de quiénes son las personas que con honestidad, apoyo auténtico y vocación de servicio están ahí para apoyarte, principalmente en los caminos con alta dificultad, donde estar acompañado se siente mejor.

He dicho o entredicho muchas veces que no debes permitir que ninguna persona limite tus sueños. Nadie tiene el derecho de intentar cortar tus alas y mucho menos si es porque ellos no tuvieron la capacidad de lograr lo que te advierten que tú tampoco lograrás. Sé que a veces las palabras de desánimo pueden entrar al corazón mejor sellado, sin embargo, con el tiempo empiezas a ser consciente de lo que te afecta y llega el día donde te haces inmune y todo sale mejor.

El acoso escolar no sólo existe en los estudios primarios, como sucede en la historia de Isaías unas páginas atrás. Está presente en muchas otras áreas de nuestras vidas y debemos estar preparados para enfrentarlo con todas nuestras fuerzas y sí tenemos la posibilidad—y claro, muchísima voluntad—podríamos apoyar a otros que son víctimas de este mal y no saben cómo responder a ello.

Deseo que en el mundo existan más personas que en lugar de querer reducir o eliminar los sueños ajenos aprendan a cultivarlos, hacerlos crecer y dejarles ver que siempre se puede mejorar. Yo elijo hacerlo porque no nací para cortar las alas de nadie, así como no he tolerado que alguien quiera cortar las mías. Sueño y lo hago en grande, porque creo en un mundo de posibilidades, cambios y metas cumplidas.

Bueno, ya es hora de hacer silencio, así que dejaré esto hasta aquí y te quedas tú, posiblemente, con la tarea de reflexionar acerca de las veces que quizás te funcionaba mejor hacer silencio y aquellas veces donde decir algo fue ciertamente la mejor solución. Ahora bien, lo que sí te puedo decir es que el día que hagas un equilibrio cuasi perfecto entre lo que dices y lo que callas, empezarás a notar la diferencia.

Que te falte
todo menos
tu amor
propio

#VALOR
Venciendo el miedo a volar

Mientras caminaba en una zona boscosa Joel encontró un ave herida que yacía en el piso. Por más que intentaba no podía alzar vuelo. Su ala derecha no estaba bien. Él la vio y pensó que podía ser resultado de alguna caza fallida y alguien le reclamaría, así que decidió retirarse. Más tarde regresó por el mismo camino y volvió a ver al animal, ahora en peores condiciones. Miró a su alrededor, lo tomó y se lo llevó a casa.

Al llegar le explica lo sucedido a sus padres y les dijo que pretendía hacer todo lo posible para que se recuperara. Ellos se negaron y también le dijeron que era muy posible que el ave no sobreviviera, así que gastaría dinero en vano. El joven no hizo caso y buscó información para saber cómo proceder. Al día siguiente compró una jaula, los medicamentos que le recomendó un veterinario y alimento para aves.

Poco tiempo había pasado y ya se empezaba a encariñar con su pequeño amiguito, por lo que se le ocurrió ponerle un nombre y fue así como decidió llamarlo Zair. En honor a un gran amigo de infancia que, por circunstancias familiares, se mudó a otro país. A pesar de que sus padres mostraban resistencia constantemente, él tenía una misión clara y sabía que no se detendría hasta cumplirla.

En la primera semana no se veía mejoría. El ave intentaba volar, pero aún no lo conseguía. Dos semanas más tarde seguían con más intentos fallidos y fue entonces cuando el ave dejó de intentarlo, se arrinconó y, por como actuaba, parecía estar triste. Sin embargo, quien ahora actuaba como su ángel de la guarda siguió animado y con la firme convicción de que en algún momento podría volar.

Como recompensa por su sacrificio, al cabo de un mes Zair empezó a mover su ala derecha. Al ver el resultado se animó y siguió intentándolo; cada vez era más fácil moverse de un lado a otro. Comenzó a alimentarse mejor, como una señal clara de que su recuperación estaba cerca y así era.

Después de muchos intentos, unos mejores que otros, finalmente alzó vuelo. Joel, al notar lo que había sucedido, sonrió y se sintió extremadamente orgulloso por no haberse rendido. A pesar de las pocas esperanzas que tenía cuando encontró a Zair, y el pesimismo que habían demostrado sus padres, él confió; hizo su parte y gracias a ello cumplió el objetivo que tanto anhelaba.

A esa pequeña ave le tomó un mes vencer el miedo al «fracaso» y así existen muchas personas que no avanzan por temor. Creen que lo harán mal o concentran sus energías en la preocupación de lo que dirán los demás al verlos «fracasar». ¿Te ha pasado? ¿A cuántas cosas has renunciado por no creer en ti? ¿Cuántas veces le has dado más peso a la opinión de los demás? ¿Cuántos sueños has dejado sin cumplir porque simplemente te diste por vencido?

No existe forma de que experimentes algo nuevo en tu vida si no te arriesgas, si no buscas emprender vuelo. Sigue el ejemplo de Zair, vence tus miedos, lucha contra cualquier pronóstico negativo y empieza a vivir en plenitud. Aprende cada día a usar el poder de la resiliencia y vence las adversidades.

Evita seguir atado a eso que no te apasiona, a lo que no te hace feliz. Sal de la jaula, empieza a volar con libertad y no permitas que nada perpetúe tu infelicidad. Es hora de reaccionar y saber que mereces más y si te llegas a preguntar ¿por qué lo merezco? Te puedo contestar: porque sí y punto.

#MOTIVACIÓN
Descubriendo el poder de los tropiezos

Ella lo había intentado «todo», estaba cansada de que sin importar lo que quisiera emprender eventualmente se convertía en un "fracaso". Perdió dinero, arruinó relaciones laborales, llevó dos empresas a la quiebra y como si nada de eso fuera suficiente, perdió la fe en ella. Tantas experiencias negativas, en ese aspecto, la llevaron a pensar que simplemente no debía intentar nada.

Estoy hablando de Luisa, una joven de la República Dominicana, huérfana, que con apenas 28 años había hecho todo lo posible por emprender. Aunque muchas veces guiada por la presión de su entorno o la sociedad misma, según sus propias palabras. Era muy astuta, con la capacidad de crear grandes cosas, pero fue justo después de empezar a dejar de creer en ella misma que se dio cuenta de que quizás estaba haciendo lo que tenía que hacer, sin embargo, había elegido a las personas incorrectas para acompañarla en el camino. Cuando analizó la situación detalladamente entendió que había sido engañada más de una vez, muchas personas usaron su talento para lucrarse.

El 26 de diciembre de 2016 Luisa tuvo un accidente automovilístico, casi no vive para contarlo. Se fracturó algunas costillas y sufrió golpes en la cabeza, por lo que debió permanecer ingresada en un hospital durante 23 días, al cuidado de los médicos y algunos familiares con acceso limitado. Luchó y venció. Logró sobreponerse y en poco tiempo pudo recuperarse de manera milagrosa. Al cabo de seis meses pocos podían identificar que había sido víctima de un accidente tan horroroso. Lo que ella no se imaginaba es que mientras luchaba por su salud otras personas aprovecharon la oportunidad para engañarla.

Cuando empezó a retomar su vida, le hicieron creer más de una vez que sus ideas no eran funcionales, le repetían que intentara algo más y eso poco a poco la fue hundiendo. Su credibilidad se vio afectada y eventualmente nadie quería hacer negocios con ella. Sentían que perderían dinero y tiempo. Años de descrédito por todos lados y ella, ignorante a la verdad, seguía sin entender el porqué.

Cuando iba a celebrar su cumpleaños número 29 decidió hacer un viaje a Estados Unidos. Tenía la intención de conocer varios estados y además visitar a algunos familiares y amistades. Pocas personas sabían de su viaje y, aunque no lo hizo de manera intencional, parece que fue la mejor opción.

En el noveno día de su viaje quiso sorprender a una amiga y fue al restaurante donde estaba laborando. Al entrar recibió una bienvenida especial, luego fue guiada hasta llegar a la cocina del lugar para que conociera a todos los encargados de preparar la comida, incluso al Chef. Le pidieron ponerse una ropa desechable, por motivos de higiene, y entraron. No puede creer lo que está viendo y cada paso dentro del local sólo empeoraba lo que sentía.

Después de conocer a los responsables en la cocina, debían presentarle al encargado del local. Era su amiga. El siguiente paso en el protocolo de bienvenida era ver hasta tres modelos de mesa y elegir el que deseaba para ese día, mas no pudo seguir. Se quedó mirando a su amiga fijamente a los ojos y empezó a llorar. No era la emoción por verla. Estaba presenciando la traición.

Todo lo que le habían mostrado era de su autoría, una de tantas ideas que las personas de su entorno le habían dicho que no eran funcionales, sin embargo, eligieron llevarlas a cabo a sus espaldas, logrando que con el tiempo ella se fuera perdiendo. Acciones que, sin ningún tipo de consecuencia hasta el momento, habían logrado apagar la creatividad de una persona que, a pesar de todas las circunstancias vividas, sin importar que sus padres hayan muerto cuando era muy joven, las limitaciones del dinero, los abusos de algunos familiares, eligió ser diferente y crecer. Abriéndose camino para lograr cosas que muchos no creyeron que lograrían y basados en ese pensamiento limitado, quisieron engañarla.

Luisa, poniendo a un lado los sentimientos, buscó asesoría legal y logró, por primera vez en mucho tiempo, un resultado favorable para su vida. Decidió elegir bien a las personas que la rodeaban y, sin ningún tipo de rencor en su corazón, alejó de su vida a aquellas personas que sólo pensaron en lo material y se olvidaron de ella. Eligió rehacer su vida y perdonarse por todas las veces que dejó de creer en ella. Finalmente, se prometió levantarse y luchar con más fuerzas que antes.

La historia de Luisa se repite una y otra vez, aunque quizás no con los mismos detalles y circunstancias, encontramos a muchas personas que han perdido la fe en ellos mismos por escuchar las opiniones ajenas y olvidar escucharse o simplemente hacer caso a su instinto. He visto muchas personas con la mirada perdida, gente talentosa que ya no quiere hacer nada más, rodeados de una sociedad negativa, con muchas limitantes que buscan hacerlos parte del grupo que no quiere intentar nada nuevo en la vida. Gente que, aunque busque evitarlo, muchas veces terminan convirtiéndose en uno más del montón que dejó de creer, que perdió la esperanza.

Aunque hace mucho dejé de creer que existen personas malas y personas buenas, entiendo que sí existen personas que están abiertas a hacer cosas malas y a través de ellas velar únicamente por su bien particular, olvidando así el deseo, los sueños y básicamente la vida de los demás.

El trabajo en equipo es algo bueno y saludable, engrandece los proyectos, les da vida y además genera buenas relaciones. Además de conocimientos, confianza, comunicación y entrega, los equipos requieren de un ambiente donde cada una de las personas involucradas se sienten parte de esas ideas y en lugar de querer apagarlas, las hacen brillar más. No sé cuántas veces te han querido desanimar o cuántas veces has dejado de creer en ti, pero sin que nada de eso importe ya, te invito a seguir los pasos de Luisa: escúchate y cree en ti.

Tus ideas son valiosas, sin importar que tan absurdas puedan sonar para los demás. Si investigas bien, te darás cuenta de que la mayoría de las ideas grandiosas han partido de comentarios como "es imposible", "no lo intentes", "no vale la pena", "no eres capaz", palabras que si no te mantienes conectado con tu deseo de seguir adelante te pueden desanimar y atentar con apagar la llama de creatividad que vive en ti.

No importa de dónde vengas, las circunstancias que puedas pasar en la vida, tienes la oportunidad de crear grandes cosas y marcar una diferencia en tu entorno. No permitas que tus pensamientos se vean contaminados con ideas limitantes, suelta tu creatividad y acciona. Hoy estás aquí, leyendo el segundo libro de una persona a la que le dijeron "no todo el mundo puede escribir un libro", "es difícil", "no tendrás material", "eres muy joven", "nadie lo comprará", y aunque mis escritos no sean perfectos, porque yo tampoco lo soy, no he hecho caso a esos comentarios, he creído en mí y este es el resultado.

Termino con decirte que por favor evalúes las personas que formarán parte de tu vida. Procura que sean personas cuyo propósito sea sumar y no desanimar a los demás. Aunque nadie crea en lo que haces nunca pierdas la confianza de que si te esfuerzas podrás lograr muchas cosas. Empieza a buscar todas esas ideas que tienes guardadas y crea la costumbre de anotar todas aquellas que lleguen a tu mente. Te lo repito nuevamente, deja de limitarte, sigue dando el 100% y te darás cuenta de que sí, tú sí puedes.

#LIBERTAD
Evitando vivir como un volcán

Ante una bella y nueva sorpresa de la naturaleza, mientras caminaba por una parte rocosa cerca del mar sucedió algo inesperado. Empezó con un ruido fuerte y lo siguiente que vi fue un gran chorro de agua que salía a presión de dos huecos que tenía la superficie. Era un espectáculo que merecía ser visto, así que esperé durante unos quince minutos hasta poder hacer una foto y aunque me mojé, lo logré. Mientras más fuerte era la ola que llegaba, más alto y ruidoso era el flujo de agua que se generaba en los orificios.

Cuando hice el típico análisis de la fotografía entendí lo que viví en ese momento y como esos pequeños o largos chorros representaban a muchas personas que pasan la mayor parte de sus vidas acumulando basura en sus cabezas y un día simplemente no aguantan más y explotan, salpicando con ello a las personas que le rodean, independientemente de su relación con lo que los llevó a ese punto.

Lo que me lleva a preguntarte, ¿cuántas veces te has quedado callado ante algo que no fue de tu agrado? ¿Cuántas cosas has callado "por no arruinar el momento"? ¿Cuánta basura crees tener en tu cabeza? Experiencias negativas, comentarios que no son parte de tu realidad, sin embargo, los llevaste al marco personal. Actitudes incorrectas hacia ti u otros, pensamientos negativos acerca de ti mismo, las limitaciones familiares y sociales con las que creciste, todo eso que no te suma y sigues acumulando por alguna extraña razón.

Por favor, no sigas almacenando tantas cosas que sólo logran limitarte. Empieza a expresar lo que no te gusta, reclama tu derecho cuando se vea vulnerado y no tengas miedo de dar tu opinión. Eres más que una caja de memorias negativas; así que no te cargues con disparates y saca toda esa basura de tu cabeza.

Hoy te invito a consumir contenido que le sume a tu vida y llene tu mente con pensamientos más positivos que, en lugar de un rostro triste, te saquen una sonrisa. Eso es lo que mereces. En la historia del niño, página 11 de este libro, me refería a las muchas veces que por demostrar «fortaleza» terminamos mintiendo acerca de nuestro sentir y nos consumimos por dentro. Esta es una nueva oportunidad para liberarte y evitar vivir como un volcán que, la mayor parte del tiempo, está a punto de entrar en erupción.

TURUBANO EL LOCO
Infierno disfrazado de paraíso

Cuando lo veían era muy difícil creer que se trataba de un vendedor ambulante, y en caso de convencerse de que sí, no lo consideraban uno cualquiera. Sin importar que fuera un día soleado, lluvioso o gris, él siempre portaba, además de un elegante traje, una sonrisa contagiosa. Quizá no era su intención, pero poco a poco fue generando fama en el pequeño pueblo que se había instalado desde hacía cuatro años. Sin dejar de lado el desprecio de otros vendedores que, debido a todo lo que observaban, sentían que no podían competir con él.

A pocos días de haber llegado al pueblo tuvo una pequeña discusión con una señora que, a partir de ese momento, y por no entender su nombre de pila, le apodó Turubano el loco. Aunque no era un nombre que a muchos le gustaría, a él le pareció interesante. Así que sin que representara algún tipo de ofensa, se empezó a presentar así.

Era un excelente vendedor. Su especialidad, el café, era la bebida favorita de sus clientes. Su puesto de venta, cuyo letrero decía "El café de Turubano", había fidelizado a muchas personas gracias a una promoción que había iniciado hace poco, donde daba café gratis a todos aquellos que fueran antes de las siete de la mañana.

Cuando era cuestionado por tal peculiaridad, él sonreía y a todos les daba la misma respuesta

—Sé que muchos se enfocan en que estoy perdiendo dinero, sin embargo, yo disfruto las visitas y el ver que muchos de los que vienen están creando el hábito de despertar temprano, así sea para conseguir café gratis un día a la semana.

A pesar de que muchos lo consideraban una persona interesante, y quizás por su aparente condición de «vagamundo», muy pocos se habían preocupado por conocer sus orígenes. Lo único que se murmuraba es que había tenido una mala relación con sus familiares y decidió dejar la ciudad e irse a un lugar donde nadie lo conociera. Además de eso, lo único que conocían era lo que podían percibir. Era amable, sabía contar buenas historias, elegante para muchas mujeres y tenía una gran vocación de servicio. No les interesaba saber nada más.

Su comportamiento le había permitido ganarse a la gente del pueblo. Era tan querido que muchas veces no tenía la necesidad de comprar el almuerzo. A veces ni siquiera el postre. Algunas señoras del pueblo le llevaban algo de comer. Él aceptaba todo, excepto propinas o dinero extra por sus servicios.

Un domingo, cerca del mediodía, alguien vio a Turubano entregando platos desechables con comida a unas personas que aparentemente dormían en un callejón. Por no ser cualquier persona, sino un periodista, eligió observar a la distancia, sin hacer ruido. No quería ser descubierto. Tomó algunas fotos y se marchó. Tenía la historia de la semana.

Con el fin de confirmar y no cometer un error, regresó más tarde. Interrogó a las personas que vivían allí, quienes con un poco de temor respondieron afirmativamente e indicaron que desde hace un tiempo recibían comida por parte de Turubano. Al día siguiente, en la primera página del periódico más leído del pueblo, se leía el encabezado: "Turubano el loco, un héroe en las calles". El texto que acompañaba las fotos que había tomado el intrépido periodista Richard Gallardo, elogió la acción de un humilde hombre que, a su criterio, no tenía las condiciones para brindarle apoyo a los demás y a pesar de todo ahí estaba, dando el ejemplo. Indicó, además, dónde estaba ubicado el pequeño puesto de café, provocando así que muchos curiosos se acercaran para conocer al héroe de la historia. Gracias a su pequeño descubrimiento estaba a punto de conocer una de las historias más interesantes de su vida periodística.

Turubano se encontró extraño que desde un momento en la mañana algunas personas, que no había visto antes, se acercaran y lo felicitaran por el artículo del periódico. No sabía de qué hablaban. Para aclarar sus dudas, pidió que le prestaran uno de los diarios y entonces lo entendió todo. Su reacción no había sido la esperada. Lo que vio, aparentemente, le disgustó. Rápidamente ubicó el nombre de quien había publicado la nota, retomó la compostura y continuó sirviéndole a la gente. Fue un lunes agitado.

Al finalizar la jornada laboral se dirigió a la empresa que distribuía el periódico. Ya sabía por quién debía preguntar. Cuando estaba llegando escuchó que alguien gritó su nombre

—¿Señor Turubano? ¿Qué hace por estos lados?

—Quiero conversar con alguien, ¿usted trabaja aquí?

—Sí, claro. Dígame a quien busca.

—A un señor llamado Richard Ga…

—¡Ah! Que coincidencia ja ja. Yo soy a quien busca.

—¿Podemos hablar un momento acerca del artículo que usted publicó?

—Sí, dígame.

—Le agradezco mucho por lo que hizo, sé que fue con la mejor intención—suspiró—, sin embargo, debo pedirle que no vuelva a publicar algo donde salga mi rostro, o mi nombre. Por favor.

—A decir verdad, me sorprende mucho que usted me diga eso señor. Cuando lo vi realmente consideré que era una buena historia para publicar y lograr que otras personas hicieran lo mismo que usted. Le repito, estoy sorprendido.

—Nuevamente le digo, sé que sus intenciones fueron buenas. Sólo le pido que no vuelva a suceder.

—No lo entiendo, pero haré lo que usted diga. Disculpe.

—Descuide. Hasta luego.

—Adiós, señor.

En un pueblo tan pequeño las noticias viajaban muy pronto. Para algunos era un acto heroico y empezaron a demostrar su admiración. Otro grupo veía como algo extraño que una persona como Turubano dispusiera de sus escasos recursos para proveer a otros de comida, aunque fuera sólo los domingos. Después de su conversación, Richard se había sumado al grupo que tenía dudas. A partir de ese día sacó su vieja libreta de anotaciones y contactos. Tenía una misión clara: descubrir la, posible, verdadera identidad del buen samaritano.

Después de unas semanas las voces se calmaron y todo parecía haber vuelto a la normalidad. En ese tiempo ocurrieron dos cosas interesantes. Las ventas aumentaron y el «loco» conoció a una joven que logró ponerle, como dicen, "la piel de gallina". Tenía alta la autoestima, así que ante la burla de quienes fueron sabiendo de su interés por Techy, una de las jóvenes más codiciadas del pueblo, seguía firme y confiado en que podría, al menos, tener una cita con ella.

Cada vez que ella iba por un vaso de café y tenía la oportunidad de invitarla a salir, algo lo detenía. Sabía que debía tener sus prioridades claras, era una cosa o la otra. Por momentos se llegaba a preguntar si estaba siendo egoísta consigo mismo y a la vez defendía sus propios pensamientos al saber que cualquier decisión que no estuviera asociada con su nuevo propósito de vida, lo dañaría todo. Era una situación complicada y de seguir dándole vueltas podría hacerle daño.

Las indecisiones respecto a Techy seguían presentes, pero eso no le impedía seguir sirviendo con alegría y entusiasmo a sus clientes. Al final de una jornada laboral recibió una visita que, en primera instancia, no le sacó una sonrisa. Era Richard, otra vez

—Hola señor periodista, ¿qué lo trae por aquí?

—Muy buenas tardes. Me gustaría hablar con usted don Nicolas— dijo con una sonrisa, provocando la reacción que esperaba—, si es que puedo llamarle así.

—¿Qué hace? ¿Qué es lo que usted quiere?

—A decir verdad, me gustaría un vaso de café y creo que a usted le caería bien uno también je je. Lástima que haya cerrado ya. Tenemos que hablar, busquemos un lugar donde sentarnos.

—Bien. Usted gana. Hablemos.

—Dígame señor Turubano, ¿por qué le ha mentido a todo el pueblo acerca de su identidad?

—Era la única opción que tenía para poder cumplir con mi propósito...

—¿Y cuál es ese?

—A ver señor, ¿por qué me hace tantas preguntas si ya usted sabe la verdad?

—Porque la única forma en que usted va a ganarse mi silencio es dándome una justificación válida de por qué hizo todo. Aunque no lo crea, los que me confirmaron su identidad no dieron muchos detalles sobre las razones que le hicieron venir aquí. Tal parece que nadie estaba de acuerdo con su «aventura». Así que hable por favor.

—Como usted ya sabe, provengo de una familia que tiene grandes empresas y una economía muy estable. Sin embargo, desde pequeño me sentía incómodo cuando veía que mis compañeros de escuela me trataban diferente, en comparación con otros niños que venían de familias con menos recursos y que estudiaban en el mismo centro gracias a un programa de becas.

»A decir verdad, me sentía más cómodo hablando y jugando con los niños que otros simplemente catalogaban como «pobres». Gozábamos con cualquier tontería, no había protocolos y, lo más importante, sabían compartir sus alimentos con los demás. Me daba la sensación de que eran felices, a pesar de no tener el dinero para hacer algunas cosas que otros niños sí podían.

»Yo no me consideraba un niño feliz, aunque supuestamente lo tenía todo. Muchas veces me molestaba con mis padres porque sólo me permitían estudiar en la casa de los hijos de sus socios o amistades. No porque fuera mejor estudiar con ellos, ni porque fueran a apoyarme con mis asignaciones; justificaban su acción diciendo que, según su criterio, estaría en un ambiente sano y seguro.

»Señor Richard, usted no se imagina cuantas veces yo intenté escaparme. Lo consideraba como un infierno disfrazado de paraíso, o algo así. ¿Usted puede creer que sin importar el lugar en el que estuviéramos me corregían si tomaba el pan con las manos? Para ellos todo se trataba de respetar la etiqueta y sus malditos protocolos. Me tenían cansado con lo mismo.

»Intenté que, al menos mi madre, entendiera lo que me estaba sucediendo. Aunque para ellos y las personas que solían frecuentar ser ricos era grandioso, yo no lo disfrutaba. Me molestaba ver personas tiradas en las calles y aunque me dijeran "es su culpa", yo no lo veía así. Sentía que alguien los podía ayudar, al menos con un plato de comida. No me parecía justo.

»Para no aburrirlo con todos los detalles de mi historia, le diré que cuando llegué a la mayoría de edad ya había tomado la decisión. Me iría de casa sin decirle a nadie más. Quería empezar desde cero, tener una vida tranquila, sin lujos innecesarios. Puede sonar loco, pero sólo quería vivir con lo necesario, así como lo habían logrado mis otros compañeros; sin el apoyo de sus padres. Fue justo en ese momento cuando mi madre sintió un poco de miedo, así que preguntó cuál era mi mayor deseo. Respondí con honestidad y luego me propuso un acuerdo que no pude rechazar. Era mi salida de escape.

—Permítame interrumpirlo para hacerle dos preguntas—dijo Richard mientras tomaba todas las notas que podía en su vieja libreta.

—Diga sus preguntas.

—¿Cuál le dijo que era su mayor deseo? ¿Y cuál fue la salida que le propuso su madre?

—Como le dije, yo quería irme a un lugar donde nadie me conociera y apoyar a la gente que pudiera, con comida, ropa o trabajo. Además, quería empezar a trabajar para ganar mi propio dinero, pero lejos de las empresas de mi familia. No sentía que habría ningún cambio si me mantenía en el mismo círculo.

»Aunque le pareció un poco descabellado, mi madre prometió apoyarme en la tarea de convencer a mi padre, siempre y cuando yo cumpliera con mi parte del acuerdo. Debía terminar los estudios universitarios y trabajar al menos dos años en las empresas de la familia. Yo no estaba muy convencido, hasta que dijo las palabras mágicas: apoyaría mi proyecto de ayudar a los demás con recursos económicos. ¿Cómo podría negarme?

»Durante los siguientes seis años me convertí en un estudiante sobresaliente, y con ideas frescas logré grandes avances dentro del negocio familiar. Mi padre estaba encantado, aunque hasta el momento desconocía el acuerdo que había hecho con mi mamá y ya se estaba acercando la hora de enfrentarlo. Ella tenía el deber de contarle acerca de mi deseo y, además, tenía la tarea de convencerlo para que fuera posible. Toda mi confianza estaba depositada en ella.

»El día que menos lo esperaba mi madre se acercó y me dijo que había hablado con mi padre. Según lo que me comentó, él sintió una gran decepción al enterarse de que pensaba abandonar el nicho familiar, principalmente el negocio que pretendía dejar en mis manos luego de que pereciera. Siguieron conversando y ella logró convencerlo de que podía ser una buena idea y también le hizo ver los grandes aportes que había logrado en la empresa, cumpliendo el acuerdo que habíamos hecho.

»Cuando terminó de contarme las buenas nuevas, sonreí como hacía mucho tiempo no lo hacía. Le agradecí y juntos empezamos a formular el plan de lo que a partir de ese día se convertiría en la misión más importante de mi vida. Finalmente tendría la oportunidad de salir de esa burbuja donde me sentía observado, sobreprotegido y donde mi opinión muy pocas veces tenía valor. Ahora podría elegir lo que era mejor para mí y a la vez contar con el apoyo de mi familia.

»Primero fui a un pueblo llamado Lavieb. La experiencia fue desagradable. Las personas me discriminaban y en más de una ocasión llegaron a robarse algunas cosas en el puesto de trabajo. Siendo completamente honesto, lo primero que se me ocurrió fue abandonar el proyecto. Sentí mucha maldad en la gente y no entendía por qué actuaban así. No podía permitir que mi decepción fuera mayor, así que elegí irme de ese pueblo. Unos días después llegué aquí donde, además de recibir un excelente trato, conocí a una persona especial.

—¡Un momento! ¿Acaso usted está enamorado?—preguntó el periodista con aparente emoción.

—No sabría decirle. Es algo que no había experimentado antes, pero lo que sí puedo decirle es que me agrada lo que siento al verla.

—¿Puedo saber el nombre de esa chica especial?

—No señor, eso no je je. Mejor continuemos con el tema anterior.

—Está bien. Prosiga.

—Como le decía, no pasaron muchos días para que decidiera quedarme en este pueblo por tiempo indefinido. Las personas apoyaban mi puesto de café, podía compartir clientela con otros que vendían frutas y desayunos en la misma calle, y aunque a algunos no le caía muy bien, porque les había quitado parte de sus clientes, busqué la forma de apoyarlos sin llamar la atención. Lo cierto es que disfruto de lo que hago y hasta el día de hoy no me molesta levantarme cada día de madrugada para preparar todo e iniciar una nueva jornada porque simplemente…

—Eso lo entiendo. Ahora bien, explíqueme ¿por qué vender café? ¿En qué apoyaba eso a los demás? Estoy confundido.

—Lo que pasa, mi querido periodista, es que yo no vendo café para apoyar a los demás, es algo que hago por mí. Me gusta trabajar y cuando pensé en qué hacer se me ocurrió vender una de mis bebidas favoritas: el café. Además, me da la oportunidad de interactuar con las personas y en muchas ocasiones me permite conocer sus historias. No se imagina usted la cantidad de artículos que publicaría en el periódico si se sentara a escuchar lo que la gente habla mientras está aquí. Es increíble lo que se llega a escuchar a veces.

»Por otro lado, como ya usted publicó en su periódico, una de las formas de apoyar a algunas personas es brindándoles alimentos aleatoriamente y en distintos lugares del pueblo. Sin embargo, tenga en cuenta que regularmente sólo reciben comida aquellos que no pueden trabajar por alguna discapacidad y a veces por su edad.

—¿Y qué pasa con las personas que sí pueden trabajar? ¿Ellos no tienen derecho a recibir comida?

—Podrían recibirla, pero la prioridad son los que encajan con el perfil que le acabo de mencionar. En cuanto al trabajo, identifico en silencio a las personas que creo pueden trabajar y sin decirles nada procedo a comunicárselo al equipo que me asiste con las contrataciones. A partir de ese momento ellos lo consideran en caso de requerir personal en alguna empresa de la familia o de nuestros relacionados. Hacerlo así garantiza que mi secreto continúe el mayor tiempo posible y también me permite poner en práctica la filosofía que mi padre por mucho tiempo me enseñó: la mejor forma de apoyar a la gente no es dándoles de comer, es dándoles qué hacer.

—Vaya, eso último que dijo es una gran realidad. No lo había visto así. Tiene su padre toda la razón señor Turubano. Sólo me queda una duda respecto a usted, ¿qué piensa hacer con la joven que despierta su interés? ¿Algún día le dirá?

—Todavía no lo sé, pero créame, es algo con lo que estoy luchando los últimos días. Al menos tengo la tranquilidad de que si algún día llegamos a algo su padre lo aprobaría. Él ya conoce mi historia.

—Ummm… interesante.

—Señor Richard, ya que tiene claro de dónde vengo y la razón por la que estoy aquí y oculto mi verdadera identidad, ¿promete cumplir su palabra y mantener el secreto?

—Sí, le di mi palabra y usted logró convencerme de que hay un bien mayor detrás de su máscara. Así que, a partir de ahora, más que con un cómplice, cuenta con un aliado.

—Muchas gracias, eso significa mucho para mí. Ahora debo retirarme, espero que tenga usted un feliz resto del día y que su semana esté llena de buenas historias. Hasta luego señor.

Luego de la larga y enriquecedora charla ambos se retiraron a sus respectivos hogares. Con el tiempo las cosas siguieron mejorando y el artículo que fue publicado unos meses atrás había empezado a tener sus frutos. Empresarios y personas con suficientes recursos unieron esfuerzos para combatir el hambre en aquel pequeño pueblo y otros lugares cercanos. Una idea que sus propios padres consideraron como loca, ahora hacía feliz a quien eligió renunciar a su «reino» para vivir en la gloria. A pesar de todos los tropiezos, Turubano había logrado cumplir su sueño y cada día aportaba lo que podía para lograr ver en el mundo parte del cambio que tanto anhelaba.

Es posible que muchas de las personas que lean esta historia crean que el personaje principal actuó de manera irracional al haber renunciado a todo lo que tenía para aventurarse y hacer algo totalmente nuevo para él. Sin embargo, para mí es un acto respetable y aunque no sea tan publicitado, es algo que sucede más de lo que se cree.

Aunque sea difícil de aceptar no todas las personas persiguen lo mismo y mientras otros luchan por poseer bienes y ser cada vez más ricos, existe un grupo de personas que lo tienen todo y, en cierta forma, desearían tener menos. Llega un momento de sus vidas donde se casan de seguir tantos protocolos y ser observados constantemente.

Conocí la historia de un empresario estadounidense que prometió morir en la quiebra y para lograrlo duró más de treinta años donando miles de millones de dólares a causas benéficas. Fue criticado por sus relacionados, que no entendían por qué haría algo así. No obstante, cuando logró su meta admitió sentirse feliz. Puso su vocación de servicio en primer lugar y conservó lo requerido para vivir tranquilo.

No vayas a pensar que sólo puedes apoyar a otros renunciando a tu fortuna, si la tienes, o que debes sacrificar tu vida para hacer el bien por los demás. No es así. Recuerda que siempre debes dar todo lo que puedas, sin que te afecte. Si te haces daño para garantizar el bienestar de un tercero ¿dónde queda tu amor propio?

Si no estás acostumbrado a realizar obras benéficas empieza regalando algo que no usas hace mucho tiempo y sepas que le puede servir a alguien más. Puedes elegir ropa, equipos electrónicos, utensilios del hogar y si tienes la disponibilidad puedes hacer una pequeña compra con artículos de la canasta básica. Créeme, hay muchas personas que viven en extrema pobreza y cada día necesitan más el apoyo de todos aquellos que tienen la posibilidad de tender una mano amiga.

Admiro a las personas que tienen la capacidad de ver más allá de sus propias necesidades, que se ponen en lugar del otro y buscan los medios para apoyarlos. Admiro a las personas que cuando obtienen «poder» no se olvidan de dónde vienen y hacen su aporte para ofrecer a otros una mejor calidad de vida.

Turubano pudo ser un loco, como algunos los catalogan, pero nos enseña una valiosa lección de humildad, humanidad y respeto por la vida de los demás. Ojalá y el mundo se llene de más «locos» como él y sigan multiplicando ese tipo de acciones, porque ahí afuera hay muchas personas que, olvidadas por muchos magnates y políticos, esperan ansiosos a alguien que note su existencia.

Por favor...

No acumules más estrés, rencor, tristeza, desamor, frustración y ansiedad. Saca de ti todo lo que te consume por dentro y que sin quererlo algún día podría herir a alguien más.

#FLUIR
Sacando el equipaje que sobra

Al final de cada año Anyelina se proponía nuevas metas, una práctica común en muchas personas. Los días 29 de diciembre evaluaba todo lo que se había propuesto en el año, marcaba lo logrado y luego escribía la nueva lista. En el año 2018, uno de sus nuevos deseos fue hacer senderismo en su próximo cumpleaños, que sería en febrero de 2019, ya que por una lesión en las rodillas no pudo hacerlo antes.

A pocos días de empezar a buscar grupos que tuvieran excursiones programadas para las fechas de su interés, tuvo la suerte de encontrar un viaje que casualmente culminaba el día de su cumpleaños. Iba a ser un reto para ella, porque la zona elegida, además de ser inclinada, tenía muchos tramos difíciles de cruzar, sin embargo, más que asustarla la motivaba. Amaba realizar actividades que le exigieran su mayor esfuerzo y la llevaran a dar lo mejor de sí misma.

Cuando se acercaba la fecha del viaje empezaron a compartir los requerimientos mínimos para que cada persona fuera preparándose de la manera adecuada y todo aconteciera sin ningún tipo de contratiempos. Más de diez personas lo harían por primera vez.

La lista de requerimientos incluía botas especiales, bastón para viaje, agua, comida, barras de proteínas, identificador personal, navaja multiusos, botiquín de primeros auxilios, entre otras cosas. A simple vista nada complicado de conseguir y a la vez muy sencillo de empacar. Anyelina estaba emocionada, en pocos días cumpliría uno de sus sueños. Los días previos al viaje decidió caminar y ejercitarse. Modificó un poco su dieta y se documentó acerca de todo lo que involucra el senderismo. Se sentía preparada, todo iba a salir bien.

Llegó el gran día, se reunieron a las cinco de la mañana en un parque desde donde partiría el bus, organizaron el equipaje e iniciaron el viaje. Era un trayecto de tres horas y media hasta donde dejarían el vehículo y empezarían a caminar. Todos estaban emocionados y el guía se encargaba de que esa emoción se mantuviera durante todo el camino. El entusiasmo era importante para enfrentar lo que seguía.

Antes de iniciar la caminata el guía explicó algunos detalles importantes, pidió a cada persona revisar que sus pertenencias estuvieran en orden y con la confirmación de todos empezó la aventura. Apenas llevaban veinticinco minutos caminando cuando el guía principal se dio cuenta que Anyelina se estaba quedando atrás y su primer pensamiento fue que quizás la rodilla le estaba volviendo a dar problemas. Se acercó y le preguntó qué sucedía, ella le dijo que al parecer su mochila estaba demasiado pesada. Él se lo encontró extraño, ya que básicamente todos llevaban las mismas cosas. No quiso suponer, así que eligió preguntar

—¿Qué empacaste para el viaje?

—Todo lo que necesito para pasar los tres días sin problemas.

—¿Eso incluye algo adicional a lo que solicitamos?—preguntó curioso—De ser así podrías estar sobrecargada.

—Bueno, algunas de las cosas que pidieron las puse dos veces, tú sabes, por contingencia. Además, empaqué algunos productos para la piel y el cabello, zapatos extra y dos opciones de ropa para cuando regresemos poder ir directo a celebrar mi cumpleaños. Aunque creas que es exagerado, así estoy acostumbrada a viajar.

—No lo puedo creer, Anyelina, así no vas a llegar.

Él no podía creer lo que estaba escuchando, aunque era consciente de que esa circunstancia podría afectar el avance del equipo completo, así que le pidió deshacerse de algunas cosas, principalmente las más pesadas y que no serían realmente útiles durante el viaje. Inicialmente ella se negó, pero no tenía otra opción. Debía hacer lo que le solicitaban.

El grupo aprovechó para descansar un poco, faltaba mucho por recorrer, así que usaron el tiempo para tomar agua y conocerse más. Mientras tanto, Anyelina estaba luchando con su apego a las cosas que había llevado mientras sacaba lo que no iba a usar. Se le ocurrió ponerlas en un lugar «seguro», con el fin de encontrarlas a su regreso, pero el guía le dijo que iban a retornar por otro camino. La decisión era más difícil. Si realmente quería cumplir deseo debía desprenderse de algunas cosas que, como se había evidenciado, sólo representaban una carga y le impedían continuar, no sólo a ella, sino al equipo completo.

Estaba terminando de sacar las cosas, cuando uno de los participantes se le acercó y le preguntó por qué había empacado más elementos de los que se habían solicitado. Al ser una pregunta repetida, ella simplemente aceptó que cometió un error y entendió que era un buen momento para reflexionar acerca de lo sucedido. Era muy posible que algo así estuviera pasando en su vida y a lo mejor estaba cargando con cosas que no le corresponden o llevando más de lo que podía soportar. Luego de unos minutos su compañero le dijo "fluye, cuando algo te pese, suelta y fluye" y sin más palabra se alejó del lugar.

La aventura había venido con un gran aprendizaje y entre todos los presentes sólo ella sabía lo mucho que impactó su vida. Continuaron el viaje y a pesar de enfrentar muchos retos, pudieron concluir satisfactoriamente. En su regreso le pidieron a Anyelina que no se fuera de inmediato, habían organizado una sorpresa para celebrar su cumpleaños. Comieron, tomaron, bailaron y sin darse cuenta había tenido uno de los cumpleaños más divertidos de su existencia, acompañado de una lección que le servirá para toda la vida.

Cada historia trae una nueva enseñanza y esta en particular me hizo entender muchas cosas. A lo largo del camino nos vamos cargando de responsabilidades, circunstancias y muchas cosas que con el tiempo nos dificultan seguir avanzando, sin dejar de lado la forma en que un pasado negativo puede influir en esto. Tenemos la idea de que así estamos siendo «empáticos» o «apoyando» a los demás a seguir su propio camino y una vez más nos olvidamos de nosotros. Anyelina cargó su mochila con todo lo que creía necesitar, fue su elección, nadie le pidió hacerlo. Era consciente de que iría con más peso, sin embargo, no vio más allá y eso evitó que pensara en cómo le iba a afectar en el camino. Así nos pasa en la vida, tomamos todo, lo ponemos en nuestros hombros y no medimos las consecuencias.

Todos merecemos una vida más ligera, empezar a caminar con el peso que podemos aguantar, dejar de asumir responsabilidades que no nos corresponden y, como ya dije anteriormente, soltando el pasado que tanto daño nos hace. Basta ya de andar recogiendo todo sin soltar nada. Recuerda, si te pesa suéltalo y fluye.

¿Has identificado las cosas que te están pensando? ¿Has pensado en lo que debes hacer para empezar a soltar? Algunas personas dicen "se habla mucho de aprender a soltar, mas no nos preocupamos por luchar, retener, cuidar", pero aquí no estamos hablando de soltar todo lo que no nos parece bien en la vida, sino de quitar de nuestros hombros cargas insostenibles que simplemente están afectando nuestro caminar. Ese trabajo que ya no te hace feliz y por más que intentas las condiciones no han cambiado, las responsabilidades de algún ser querido que por más consejos que reciba sigue repitiendo las mismas acciones que lo llevan a tener consecuencias negativas, las relaciones que, como ya vimos en otra historia, te van restando e impiden lograr tus sueños.

Anyelina tuvo la oportunidad de crear una lista de comprobación y ver que empacaba exactamente lo que iba a usar, pero no lo hizo. Tú tienes la oportunidad de hacerlo hoy. Por favor evalúa tu vida, pasa inventario de lo que estás cargando, sé honesto contigo y deja a un lado todo aquello que te esté restando. Acepta tus responsabilidades, apoya a quien puedas. No te cargues más de lo que puedes soportar. Piensa en ti y por favor, empieza a vivir más ligero. Te lo mereces.

#AUTENTICIDAD
Siendo uno menos del "montón"

Cuando tomé esta fotografía me enfoqué en lo hermoso que se veía el mar y el contraste que hacía con el verde de las plantas del lugar. Compartí la foto y alguien notó un detalle que yo no había visto. Una hoja que resaltaba del resto—era color naranja y el resto color verde—. Todo el panorama cambió porque, aunque exista belleza en el primer enfoque, podía haber un mensaje oculto o quizás muy claro. Aún no lo sabía.

Pensé sobre esa foto durante algunos días y llegué a la conclusión de que puede representar la autenticidad. Una hoja, sólo con su magnífica e inesperada presencia, había logrado captar mi atención y la de todo aquel que la había visto. Sin poder hablar, moverse a su antojo o hacer algo más que simplemente estar, ya resaltaba del montón. Era notoria incluso por encima de todo aquello que estaba fuera del árbol que la contenía. Para mí ya no era una simple hoja y cuando elegí escribir este pequeño relato le di un nombre. Decidí llamarle Manag. No me preguntes por qué ja ja, ponerles un nombre a las cosas hace que sea más difícil olvidarlas. Si has leído mis escritos antes, sabrás que en mi opinión cada ser humano tiene una distinción única, algo que le hace especial e irrepetible.

Todos hemos sido creados con un propósito y tenemos la capacidad de marcar la vida de otras personas, simplemente con nuestra presencia y es por lo que debemos cada día tener la capacidad de mantener nuestra esencia, eso que nos hace resaltar y que al igual que Manag, nos permite ser vistos entre la mayoría.

¿Alguna vez te has preguntado qué es eso que te diferencia del resto? ¿Cuál es esa cualidad que has desarrollado y quizás por vergüenza has mantenido oculta?, sin saber que de una manera u otra podría impactar la vida de los demás. Sé que el miedo casi siempre está presente cuando quieres intentar algo nuevo, pero es hora de volver a vencerlo y darle la oportunidad a otros de conocerte tal y como eres.

Manag apareció para mostrarnos que todos tenemos una luz propia, capaz de brillar en cualquier abismo y aunque algunos te llamen loco, raro o simplemente no entiendan lo que haces, debes sacar el tiempo de volver a interiorizar, verte en el espejo y repetirte una vez más "ser diferente está bien", y cada día fortalecer tu ser para seguir creciendo y marcando la diferencia. Nunca olvides que estás llamado a brillar, a impactar vidas y esto lo lograrás cuando tu ser auténtico esté presente en cada una de tus acciones.

¿QUÉ TE PASA MUNDO?
Lo que veo vs. Lo que deseo

Desperté a las dos y cinco de la madrugada, un poco angustiado, con la respiración acelerada y por más que quería abrir los ojos no podía. Todo estaba negro, pero sabía que estaba despierto porque era consciente de donde estaba y de lo que sentía. Aproveché el momento y me puse a meditar acerca de ciertas cosas que están sucediendo a diario alrededor del mundo. Acciones que poco a poco estamos dejando pasar por alto, porque en cierta forma las hemos considerado parte de la «normalidad». Elegí escribir sobre esas cosas, esperando que al final al menos una persona se dé cuenta de que como seres humanos, vamos por el camino equivocado.

Es extraño para mí ir a cualquier lugar y ver a unos niños gritándole a sus padres porque le hayan quitado el celular o los juegos para que por un momento se enfoquen en sus estudios. Me pesa leer una noticia acerca de dos personas que discutieron porque uno de ellos había rozado el auto del otro causándole un pequeño rasguño y que a pesar de ser casi imperceptible, ambos se dispararon al mismo tiempo; quedando muertos en la escena. Dejando atrás a sus hijos y familiares que sufrirán sus pérdidas sin entender el porqué.

Me resulta difícil ver la forma en que muchos celebran la muerte de otros, como el caso de un ladrón que mientras ejecutaba un robo se vio rodeado, así que comunicó su intención de entregarse, dejó el arma, levantó las manos y cuando estuvo visible recibió un disparo que horas más tarde le costó la vida. Un ser humano que a pesar de lo que haya hecho tiene el derecho a vivir y pagar sus crímenes de la forma correcta.

Me sorprende ver historias de artistas que sufrían ciertas precariedades en su niñez, tenían una familia con muchas necesidades, un hogar estructuralmente vulnerable y que provienen de comunidades que realmente requieren apoyo, pero cuando llegan a la fama pasan la mayor parte de su tiempo realizando gastos extremos en joyas, vehículos de lujo y creando una competencia, sin sentido, de "quién tiene más" entre personas que comparten su «nivel». Olvidando muchas veces de dónde vienen y a quienes estuvieron ahí en sus inicios y proceso de crecimiento.

Se está volviendo «normal» ver como el abuso de poder y el racismo están cobrando más vidas de afroamericanos alrededor del mundo. Personas a las que, sin ningún tipo de sospechas por crímenes o acusaciones en su contra, lamentablemente les toca toparse con otros que sin importar nada reducirán su valor a cero en un acto de odio. Acciones que son resultado de ira acumulada, cuyo resultado es el derramamiento de sangre inocente.

¿Por qué cada día son menos las personas que apoyan a un anciano o persona necesitada para que cruce la calle ante el peligro de ser atropellado por los vehículos que circulan por la vía? ¿Será que cada vez nos estamos volviendo más fríos o la desconfianza nos está llevando a actuar como tal? ¿Qué nos está pasando como sociedad?

Una de las cosas más increíbles que he visto en las noticias es el caso de una pareja que cayó de un precipicio mientras se tomaban una foto para subir a sus redes sociales. A pesar de haber recibido muchas advertencias de los administradores del lugar, decidieron arriesgarse porque era importante crear un impacto en sus seguidores, a quienes por meses habían alimentado con contenido de ese tipo y su único interés era ser "virales" y llegar a más personas. Lamentablemente no volvió a suceder, perseguir "me gusta" les costó la vida.

Cada día suceden más casos donde niños indefensos son violados por su padre o algún familiar cercano y que luego de muchos años de silencio y sufrimiento consideran el suicidio como una herramienta para escapar de su dolor. Muchas veces nadie los escucha.

Me llena de impotencia la cantidad de feminicidios que son publicados en la prensa local e internacional, la mayor parte de ellos causados por hombres que no aceptaban ver a sus ex parejas felices o simplemente sin ellos y ante la negativa de una reconciliación, eligieron acabar con la vida de esa persona y luego con la propia. Un acto donde el egoísmo hace presencia en manera inexplicable, donde inocentes, que muchas veces son niños pequeños, pagan el precio.

En muchas ocasiones he podido ver lo acelerada que se ha vuelto la vida para muchos. Discuten si una fila no avanza en el tiempo que consideran debe hacerlo, están esos que antes o a penas el semáforo cambia a verde empiezan a tocar la bocina del auto como una forma de pedir a los demás que se muevan rápido. He visto personas respirando profundo, para calmarse, cuando alguien les está dando un servicio y consideran que tarda más de lo «necesario».

Cada día vemos más cosas que nos separan, que crean «clases» y sigue clasificando a las personas según el lugar donde viven, el salario que tienen, el color de su piel, su preferencia sexual, la religión que profesan, la carrera que estudiaron, el apellido de sus padres, la nacionalidad que muestra su pasaporte, la forma en que usan la cubertería al comer, la comida que consumen o simplemente como hablan. Un sistema que daña una sociedad que adaptada a todos esos "requisitos" cada vez está más dividida.

¿Por qué son tan populares los contenidos donde a la mujer se le trata como a un objeto? ¿Por qué es más fácil "viralizar" contenido que hace daño, denigra a alguna persona o muestra el sufrimiento de alguien más? ¿Por qué cada día nos hemos convertido más insensibles ante contenido que promueve el uso de las drogas y el alcohol?

Existen miles de estudios acerca del calentamiento global, la falta de agua, la extensión de animales y la crisis global, pero es «normal» ver como personas siguen tirando basura desde sus autos, contaminando las avenidas de sus ciudades. Tardamos minutos en la ducha, desperdiciando agua sin pensar en las consecuencias de perder ese valioso recurso. Pasamos en nuestros autos y observamos letreros de "no tirar basura" en lugares que están repletos de desechos. El plástico de los océanos sigue matando especies y causando daños sin precedentes a la naturaleza. Mientras unos pocos se dedican a buscar soluciones a este mal, a pesar de todas las advertencias, la mayoría sigue haciendo caso omiso y continúan poniendo de su parte para seguir destruyendo el planeta que tanto nos ha dado.

Podría escribir muchas hojas acerca de las cosas que estoy viendo en el mundo, esas cosas que tú también estás viendo, pero que muchas veces pasamos por alto porque, como dije, se han convertido en «normales». Muchos me han dicho que no vale la pena hablar sobre estos temas, porque a fin de cuentas nadie hará caso. Yo prefiero arriesgarme, tomarme el tiempo de escribirlo y vivir con la esperanza de que al menos una persona recibirá el mensaje y hará un cambio en su forma de actuar.

Quisiera un mundo menos amargado, menos acelerado, donde no se provoquen guerras o diferencias por no compartir la misma opinión. Me gustaría ver serenidad en los ojos de las personas y un alto nivel de madurez espiritual y emocional, que les permita vivir en un estado de paz interior y exterior con las cosas que acontecen en sus vidas.

No quiero seguir viendo noticias donde una persona le quite la vida a otra por asuntos materiales, quisiera ver un mundo donde la gente es más consciente del valor de la vida y que no le pierdan el respeto a la misma. Un mundo en el que la empatía sea parte de los seres humanos y les permita reaccionar de mejores maneras.

Me gustaría ver más líderes como Mahatma Gandhi, Martin Luther King y Nelson Mandela, que lograron cambios significativos en la forma de reclamar los derechos a través de la no violencia. Quisiera que sus sacrificios fueran mejor valorados y evidenciarlos en menos abusos interraciales, más unión; por fin entender que, sin importar el color de nuestra piel, somos importantes y todos merecemos ser tratados con respeto y consideración.

Quiero que paren los feminicidios, las violaciones, el abuso de poder y la impunidad. Quisiera ver a más personas dejando de acumular riquezas y apoyando a los necesitados. Me gustaría que cada día alguien más se sienta afortunado de estar vivo y que a través de un acto de bondad elija sonreír y darle un nuevo sentido a su vida. Me encantaría ver más esperanza, menos miradas perdidas, saber que la gente tiene la convicción de que el día menos esperado, todo cambiará.

Siendo 100% honesto, me gustaría despertar un día y no encontrar clases, que nadie llame a otro "clase media" o "clase alta", que ya no existan libros que me digan cómo debo comer, caminar o vestir. Anhelo ver que las personas mantengan su esencia sin importar lo que suceda a su alrededor, sin importar el qué dirán, sin intentar "lucir bien". Quiero un mundo con menos complicaciones, más libre, sin un sistema fabricado que cada día nos haga ser menos humanos.

Deseo que sin importar lo que crea el otro las personas tengan la capacidad de respetar los puntos de vista y aprendan a expresar sus opiniones sin hacer daño, sin tomárselo personal. Quiero que las preferencias sexuales sean selladas con el marco de respeto, en ambas vías, donde ninguna de las partes quiera convencer a la otra de lo "correcto" y simplemente respeten el derecho de SER y creer en lo que cada uno desee, sin denigrar u ofender a la otra persona.

Quiero un mundo más justo, donde se respete el derecho de todos, donde los buenos mensajes se hagan "virales" y sus autores se vean motivados a seguir creando contenido enriquecedor para la sociedad, porque si nos tomamos el tiempo para escribir sobre los males que afectan a nuestra sociedad, es porque nos importa.

Mientras escribo este texto puedo ver a mi derecha una bella taza de café que me acompaña cada vez que escribo en casa. Si volteo puedo ver el abanico que se encarga de refrescar el ambiente y en el fondo de la habitación está la lámpara que me permite ver el teclado de la computadora. Tengo energía eléctrica, música instrumental de fondo para alimentar la inspiración. Todo combinado genera un ambiente de comodidad y paz que me permiten crear contenido. Algo que podría resultar "envidiable" para muchos.

Estar aquí me hace pensar nuevamente en quienes no tienen la posibilidad de tomarse un café caliente, al menos que sea el que haya dejado alguien y en ese caso regularmente está frío. Pienso en aquellos que no están preocupados por el corte de su tarjeta de crédito, pero sí se están preguntando qué van a comer hoy; muchos que no tienen donde sentarse, mientras yo tengo más de veinte opciones en los cien metros cuadrados de este apartamento.

¿Cómo podría tan descarado y quejarme? ¿Basado en qué tendría formas de decir que no tengo una buena vida? ¿Podría decir que me falta algo? Si estoy vivo y tengo ganas de seguir adelante, si mis necesidades básicas están cubiertas, ¿de qué me podría quejar?

Como dije arriba, me gustaría creer que vivo en un mundo más justo, donde esos que tienen recursos para malgastar pueden sacar un momento de sus vidas para apoyar a alguien que realmente tiene necesidades, un mundo donde esos que botan comida porque "no les gusta" puedan donarla a aquellos que estarían dispuestos a recogerla de la basura. Quisiera rodearme de gente que en lugar de quejarse por no tener conexión a Internet se tomen el tiempo para pensar en aquellos que no tienen acceso a lápiz y papel.

Me encantaría crear conciencia y que, en lugar de quejarnos por tantas cosas insignificantes, de vivir con tanta vanidad, de presentar tantos lujos y tonterías que no hacen feliz a nadie, podamos por fin empezar a ver más allá de nuestras propias necesidades, que empecemos a identificar lo mucho que tenemos por agradecer, lo mucho que podemos dar y cómo a través de pequeños actos de amor podríamos tener la capacidad de llevar alegría a muchas personas que, sin conocernos, esperan por nosotros.

Por favor, seamos más humanos, yo decido serlo. Seamos más empáticos, pensemos en los demás, dejemos las quejas atrás, valoremos cada detalle que la vida nos permite disfrutar. Vayamos por un momento a nuestros orígenes y recordemos las palabras que queríamos escuchar para animarnos a seguir adelante y hagamos lo mismo por alguien más. El mundo tiene sed de palabras bonitas, de ánimo, de buenas noticias. Basta ya de replicar tantos mensajes negativos, el mundo no necesita eso. Seamos más de corazón, menos falsos, vivamos de menos apariencias, por favor, seamos justos.

Hagamos un cambio, porque sólo así, en esa única manera, la vida realmente nos va a cambiar y podremos sentir esa pequeña satisfacción de haber entregado mucho o poco para hacer que otros también se sientan afortunados de vivir y que tengan una vida más digna e igualitaria. Seamos con los demás eso que siempre hemos deseado que otros sean con nosotros. Como dijo Gandhi, sé el cambio que quieres ver en el mundo.

Repito, es tiempo de dar más amor, transmitir paz, agradecer a Dios, la vida y al universo por las maravillas que tenemos la oportunidad de disfrutar. No seas uno más del montón y acompáñame en este camino de la transformación, porque te aseguro que en algún rincón del mundo alguien está esperando por ti, a que decidas vivir con propósito y que en consecuencia le puedas acompañar en su camino a la grandeza.

JUGANDO A PENSAR
El arte de procrastinar

Son tantas las cosas que pasan por mi mente que no sé cómo reaccionar algunas veces. Se vuelve incómodo ver lo difícil que es sentarme a pensar acerca de lo que quiero hacer. Pareciera un plan maestro de mi querida y muy complicada mente, porque la mayor parte de las veces que elijo dedicar tiempo para hacer algo nuevo termino dándole largas o me entretengo en algo más.

Claro, todo eso es hasta hoy. Empezaré a dominar mi mente, porque ya me cansé. Le voy a demostrar quién manda aquí. Wao, que gracioso fue ese día que me caí delante de todos y me levanté tan rápido que no pude asimilar qué había pasado, siendo yo de las primeras personas que se preocupan o sueltan una carcajada cuando es otra persona que tiene un accidente de ese tipo. Empecé mal, ¿en qué me aporta perder tiempo pensando en el día que me caí? La verdad no entiendo… soy un caso perdido. Bueno, no tanto. Creo que hay personas que piensan más cosas que yo y su caso es peor porque lo dicen todo. Otra vez… pensando una tontería más que en nada se relaciona con el propósito por el cual me senté aquí, supuestamente a pensar en algo y ahora ni siquiera sé qué era.

A veces siento que me engañan cuando alguien dice "respira y te vas a calmar", porque conmigo parece que no funciona. Mi mente no se calma y sigo pensando una cosa tras otra. Pensándolo bien, ahora recuerdo que tengo la idea de un proyecto nuevo guardada en algún lugar de mi celular, o no sé si fue en la computadora que lo escribí, aunque me da mucha flojera tener que ponerme a revisar eso ahora, ¿y si mejor me pongo a ver alguna película? No, mejor sigo el capítulo de la serie que dejé por mitad, así no tardo tanto tiempo en eso. Cuando termine entonces me pongo a buscar el famoso proyecto.

Mmm, que interesante está la historia. Casi siempre caigo en el juego de estas plataformas, ahora quiero ver lo que sigue, pero no. Yo tengo palabra y debo cumplirla. Bueno, ya es un poco tarde. Debería acostarme, poner una alarma y levantarme temprano para seguir con la tarea pendiente. Sí, es la mejor opción. Ya he hecho demasiado hoy. Es terrible estar en una constante discusión interna y después me atrevo a preguntarme por qué casi nunca termino las cosas… ¿cómo voy a lograr algo si pienso tantas cosas a la vez?

Conmigo funcionan esos vídeos que motivan a la gente, aunque creo que esa motivación me queda por unos minutos. Me activo y digo "¡ya, voy a dejar la vagancia, voy a hacer algo diferente hoy!", y al final del día no avanzo tanto como quisiera. Creo que la culpa es del Internet, desde que llegó sólo hace entretenernos. Bueno, no puedo generalizar, dicen por ahí, algunas personas no se dejan llevar y tienen autocontrol, ¿cómo es que lo hacen? Estoy llegando a pensar que lo uso como excusa para justificarme cuando no hago algo.

¿De qué vale sentirme culpable por no avanzar en lo que quiero? Al final del día soy yo quien lo controla, ¿o no? Ahora estoy dudando hasta eso. Que rico estaba el desayuno, no sé si decirle algo a quien lo preparó o simplemente hago como que estuvo normal. Sería mentir o ser hipócrita, porque realmente hoy sentí un sabor diferente. Que bien, la una de la madrugada y yo pensando en el desayuno de ayer. Me estoy aburriendo de este juego mental.

No puedo juzgarme tanto, o al menos eso creo. Aunque ahora mismo me esté costando mucho pensar, quizás debo darme crédito por las veces que sí he logrado hacer algo. Lo que me genera una duda, ¿qué hice diferente esas veces? ¿Logré dominar a mi señora mente? A decir verdad, si mi mente fuera otra persona, por la forma en que me trata a veces, no tendríamos una bonita relación. Pobre cerebro mío, ahora entiendo los dolores de cabeza sin razón aparente.

¿En qué estará Luis? Deja ver si tiene alguna foto nueva, hace mucho tiempo que no hablo con él. No, no voy a revisar nada. Estas no son horas para estar viendo redes sociales, pero ¿quién puso un horario para esas cosas? Yo hago lo que quiera. No tantas veces como quisiera, porque recuerdo el día que quería comer en ese lindo restaurante y tuve que dejarlo para un después que todavía no ha llegado. Todo por estar pensando en el futuro, ¿y eso para qué?

Aún no decido si quiero viajar por todo el mundo o si prefiero quedarme aquí, ¿será que le temo a los aviones? Últimamente he escuchado acerca de tantos accidentes de vuelos que me da miedo tener la mala suerte de estar en uno que vaya a fallar. La gente dice que "es más seguro volar en un avión que andar en auto", sin embargo, yo no lo percibo así. Quizás no le tengo miedo, es que… ¡qué problema! Otro nuevo tema en mi cabeza, ¿aviones? Yo ni siquiera tengo dinero para eso o quizás lo tengo reservado para otro uso. Creo que me va a explotar la cabeza, ¿cómo puedo pensar tantas cosas a la vez? ¿Será que tengo problemas mentales? A lo mejor todo el mundo es igual. Le voy a preguntar a mis amigos.

A veces, me afecta pensar en alguna situación donde le he hablado mal a alguien, aunque no me importa lo que haya sentido esa persona, bueno… quizás me importa, aunque no mucho. Está bien, admitiré que sí me importa y que la razón por la cual pienso en ello es porque quisiera pedir disculpas. Aunque debo pensar bien si lo merecía o no, ¿qué me motivó a decir esas cosas? ¿Será que tengo una actitud impulsiva a veces y no lo he notado? ¿Otra pregunta más para mis amigos? Una de mis dudas existenciales es saber cuándo hice bien o mal. Quizás, cuando vea a esa persona actúe como si no hubiera pasado nada, todo dependerá del momento. Ahora no lo sé.

¡Verdad, el proyecto! A ver, aquí está. Muy bien, lo encontré. Será mejor que duerma y mañana lo leo. Que orgullo siento, a pesar de todos los pensamientos que llegaron para entretenerme al menos busqué la nota, eso es un gran avance, ¿verdad? ¡Ay verdad! Mañana tengo que salir temprano y no sé qué ponerme. Es posible que tarde mucho tiempo para elegir la mejor ropa o quizás no me importe y salga a la calle como me sienta mejor, sin pensar en lo que dirán los demás. Al fin y al cabo, siempre dirán algo. No sé quiénes estarán ahí y dicen que "la primera impresión es lo que cuenta", pero yo no quiero impresionar a nadie… ¿y si me critican? ¡Qué me importa! Ya me cansé demasiado, mejor me voy a dormir.

Mejor me pondré a ver el techo. Quizás me haga reflexionar acerca de lo que me está sucediendo. Definitivamente no puedo ser la única persona que pasa por esto. Sé que no me debo sentir mal; es que no me gusta tener que repetir esto tan seguido. Debo buscar herramientas que me puedan apoyar y lograr tener una mente más equilibrada. No sé si funcionará, no obstante, debo intentarlo.

Ya no tengo sueño. Mejor seguiré viendo el próximo capítulo de la serie, aunque me da un poco de miedo mañana levantarme con mucho cansancio y que todos estén fijándose en mis ojeras. Nada de eso importa, debo ver algo que me entretenga, mi mente parece que está trabajando horas extras. Más de tres horas molestando y no se calla.

Tan fácil que se me hace murmurar acerca de las personas que no hacen nada por su vida y yo me excluyo del grupo. Debo hacerlo, porque he logrado algunas cosas, ¿y qué? No estoy logrando nada ahora. Que chiste, yo me estoy juzgando y defendiendo a la vez. Estoy perdiendo el juicio y es algo serio.

Debería escribir estas cosas, a lo mejor le servirán a alguien para sentir que esto es un mal compartido. Me gustaría que esa persona entienda que no está al borde de la locura. Sé que podré superar estos pensamientos aleatorios y evitaré que me entretengan, puede que lo único importante sea poder encontrar un tiempo de tranquilidad y poder concentrarme en las cosas que quiero, ¿podré lograrlo? Considero que sí, ¿por qué no?

Esta madrugada ha servido de mucho, después de todo. Dejaré de buscar excusas y me enfocaré en las soluciones. Cada día me esforzaré para lograr controlar mis pensamientos y aprender a elegir bien las cosas que ocupan mi mente. No recuerdo si le puse comida al perro, pero es muy tarde para ir a averiguarlo. Confiaré en que sí lo hice, de todas formas, no creo que eso le vaya a afectar mucho. Ningún defensor de los animales me puede juzgar por eso, ¿o sí?

¡Qué bella manera de empezar el ejercicio para controlar mis pensamientos! Hablando de la comida del perro. No voy a escribir nada sobre esto, volvería loco a cualquiera. Mañana será otro día, no aguanto más. Ahora sí, prometo que me voy a dormir. Eso lo puedo cumplir, ¿o no? ¡Qué dilema!

#EMPATÍA
Un juicio más rápido que la mirada

Un grupo de amigos y yo decidimos salir de la ciudad, ir a nuevos lugares y disfrutar de la naturaleza. Nos detuvimos un momento, después de 4 horas conduciendo. Bajé del vehículo y empecé a caminar para ver el mar y noté la presencia de un hombre a unos 100 metros. Estaba en la orilla de las rocas, en una aparente zona de peligro, por el fuerte oleaje que había ese día. Cuando observé mejor me di cuenta de lo que estaba haciendo parado ahí, pero decidí hacer un experimento. Llamé a mis amigos y les pregunté ¿qué pueden decirme acerca de ese hombre?

De los seis, cuatro dijeron que parecía triste y que posiblemente consideraba lanzarse al mar, otro de ellos dijo que estaba pescando y uno de ellos no quiso opinar. Les dije que observaran bien cada detalle y que reformularan su planteamiento si así lo consideraban. Tres siguieron opinando que era una aparente intención de suicidio y tres dijeron que estaba pescando. Conociendo sus respuestas pregunté "¿señor, que usted hace ahí?". Rápidamente él contestó "pescando".

Fui hasta donde él, estreché su mano y le pedí que me permitiera tomarle una foto, pues esa escena me hizo reflexionar acerca de cómo nos pasamos parte de nuestras vidas suponiendo, opinando desde lo aparente o juzgando sin conocer. No nos damos la oportunidad de ver más allá, de usar el recurso maravilloso de la pregunta para esclarecer cualquier duda. Fue un momento más donde una simple pregunta pudo evitar cualquier suposición.

Te pregunto, ¿cuántas veces has juzgado a alguien por tener una percepción incorrecta de cómo es? ¿Cuántas veces has opinado sin tomarte el tiempo de hacer las preguntas correctas? ¿Cuándo fue la última vez que aceptaste haberte equivocado sobre alguien?

Es posible que alguna vez te hayas sentido mal cuando alguien formuló una opinión incorrecta sobre ti, quizás empañados por el pasado y negándose a aceptar lo que eres ahora. Sin embargo, de igual forma existen momentos en tu vida donde por no atreverte a indagar un poco más, eliges suponer y no te das la oportunidad de ver más allá.

Hoy es un excelente día para empezar a ser más responsables con lo que decimos, saber que una opinión mal fundada puede hacer daño y que debemos usar el tiempo y los recursos que sean necesarios para conocer a las personas, entender sus circunstancias y aplicar cada vez más el valor de la empatía. Es así como podremos empezar a usar las palabras correctas y en el momento correcto.

#VALENTÍA
Dejando de ser una marioneta

Desde que empecé a publicar contenido en Internet he recibido muchos mensajes privados, algunos de agradecimiento, otros de reconocimiento y también esos que cuentan una historia triste. Entre todos llamó mi atención el de una chica que me escribía desde Venezuela y me contaba la manera en que su vida se había deteriorado porque, según sus propias palabras, durante mucho tiempo se llegó a considerar una marioneta.

Inició una relación amorosa con alguien que era catorce años mayor, aunque a decir verdad la edad no es el tema en discusión. La persona que había elegido, según su «experiencia», le iba diciendo todo lo que debía hacer con su vida, qué estudiar, con quienes podía compartir, la dieta que llevaría e incluso llegaba a seleccionar el tipo de vestimenta debía usar. Con el paso del tiempo, según relata, se fue perdiendo y dejó de conocerse. Se alejó de su familia y a sus amigos ya no los veía. Sin darse cuenta, quizás, le concedió el control de su vida a alguien más. Cada día su felicidad menguaba un poco más. El maltrato físico y verbal la tenían cansada y le fueron quitando las ganas de seguir viviendo. No lo soportaba más.

Una mañana se enteró de que estaba embarazada y esto la llevó a reflexionar profundamente. Empezó a preguntarse si estaba dispuesta a seguir soportando lo mismo y que el fruto de su vientre repitiera su propia historia. Después de pensarlo un par de veces, y sin comentarle a su pareja acerca del embarazo, coordinó con unos familiares que habían emigrado hacía Colombia debido a la crisis económica que afectaba a Venezuela y procedió con lo que consideró "un escape para vivir en paz". El miedo no la detuvo.

Había elegido empezar una nueva vida, buscó ayuda profesional para empezar a sanar y superar todo lo que había sucedido y se concentró en desarrollarse para ser una buena madre, dejó de ser una marioneta, se puso en primer lugar y emprendió el camino del cambio con el fin de lograr tener la vida que tanto merecía. Al momento de escribir estas líneas, su hija tiene cuatro años y su madre la describe como una niña feliz, inteligente, a quien le encanta bailar y jugar con sus amigos. Valió la pena el sacrificio.

Fue emocionante saber que la historia había tenido un buen desenlace, le deseé lo mejor y le comenté que me había inspirado a escribir la publicación ese día. Fui a las notas de mi celular y escribí "no naciste para ser la marioneta de alguien más, así que valora lo que eres, vive a tu ritmo y ponte siempre en primer lugar".

Ahora me dirijo a ti que estás leyendo estas líneas, es posible que no te conozca, no sé si alguna vez has pasado por una situación como esta o si lo estás viviendo ahora, pero si es el caso, por favor elige lo mejor para ti. Quizás no pueda entender tu situación particular, sin embargo, te invito a seguir el ejemplo de esta valiente mujer que llegado el momento eligió ponerse en primer lugar, valorar lo que es como ser humano, reconocer sus derechos y gracias a su decisión logro librarse de una esclavitud «moderna» para empezar a ser feliz.

Sé que muchas veces el miedo nos puede paralizar, esa incómoda incertidumbre de qué sigue después, pero sin importar en la circunstancia que te encuentres, si eliges por y para ti, lo que vendrá después será abundante paz. No mereces ser la marioneta de nadie, naciste para ser libre. Hoy te toca pensar en ti. Saca un momento para reflexionar acerca de lo que deseas en tu vida, no lo que alguien más quiere para ti. Vuelve a conectar contigo y por favor no te hunda más. Tú también mereces ser feliz.

ALONZO
Amor y traición, combinación letal

¿Te has topado con una de esas personas para las que el trabajo es lo «primero» y pocas veces le dedican tiempo a algo más? En caso de que no, te presento a Alonzo y de paso te cuento un poco de su historia. Él pasaba la mayor parte de sus días trabajando. Casi nunca tenía tiempo para salir con amigos o visitar a su familia. Según el criterio de los más cercanos, era la razón por la cual seguía soltero a pesar de su edad. Se caracterizaba por su humildad, inocencia y la disposición que mostraba para apoyar a los demás.

Ya estaba aburrido de la misma rutina y, aunque pocos lo creyeran; unos días más que otros, extrañaba a su familia. No era tan fácil verlos, ya que dos de sus hermanos vivían en la capital del país, a unas tres horas de diferencia. Un día se motivó y a pesar de la distancia, decidió visitarlos para pasar Navidad junto a ellos y sus respectivas familias. Quiso que fuera una sorpresa para todos. Ese viaje, además de ser una excelente decisión para compartir con sus familiares, estaba diseñado para impactar su vida de tal manera que no lo pudiera olvidar por el resto de sus días.

Yonathan, uno de sus hermanos, era agricultor y tenía la obligación de visitar distintas ciudades para ver cómo estaban sus tierras. Llega a su casa exhausto por el largo día; ve a lo lejos la silueta de un hombre dentro de su casa. No lo reconoce, pero lo último que pasó por su mente fue imaginar que se trataba de su hermano. Al verlo allí sentado, después de tantos años sin verse, se abalanzó hacia él y se abrazaron como nunca lo habían hecho. De esa manera le dio una calurosa bienvenida a su hogar y a aquella turbulenta ciudad. Luego le presentó a su esposa y sus dos hijos, con quienes llevaba un rato conversando.

Al otro día Yonathan debe ir a dos pueblos que estaban un poco retirados de la capital. Tenía que supervisar unas obras en proceso, así que invitó a su hermano para que lo acompañara durante el trayecto y no se quedara aburrido en la casa. Él aceptó y salieron de inmediato. Visitaron el primer pueblo, dejaron unos papeles y se retiraron. Cuando iban en dirección al siguiente lugar vieron un bar que llamaba mucho la atención en la carretera y se detuvieron

—Hermano, por favor espérame en este lugar. Iré a mi próximo destino y luego vendré a buscarte, ¿de acuerdo?

—No hay problema, aquí te espero—respondió inmediatamente.

Aunque era un lugar desconocido para él, Alonzo decide entrar. Observaba todo el entorno, como si buscara algo. Quizá compañía. No encuentra lo que busca. Pide algo de tomar, acaricia aquella botella de agua plácidamente. De repente levanta la mirada y en un rincón de aquel lugar ve a una hermosa mujer de tez blanca, alta, con cabello rizado caído sobre sus hombros y, además, con una mirada perdida. Él se levanta y camina hacia donde ella

—¿Cuál es tu nombre?—Pregunta de manera informal. La joven queda en silencio, a lo mejor no cree que exista alguien que realmente se preocupe por ella.

—Me llamo Altagracia—contestó con voz melancólica, mientras levantaba su mirada triste.

Profundizaron su conversación. Si alguien los veía podría creer que llevaban mucho tiempo conociéndose, pero todo era el resultado de la química que había entre ellos. El buen rato que estaban pasando fue interrumpido. Yonathan llegó y ya era hora de irse

—Volveré a verte, ¿lo permites?—le susurra al oído.

—¡Eso espero!—respondió sin dar lugar a dudas.

Él se marchó en silencio, aunque con el alma henchida de una ilusión que no había sentido en mucho tiempo.

Pasaban los días. Él no hacía más que pensar en ella. No quería perder la oportunidad de estar a su lado una vez más. Toma el teléfono y marca el número que había anotado en aquel bar

—Hola, soy Alonzo. ¿Me recuerdas?

—Sí, claro. ¿Cómo estás?

—Bien, te estoy llamando para invitarte a pasar Navidad conmigo y mis familiares en la capital ¿aceptas o ya tienes planes?

—¡Claro que acepto!

—Perfecto—dijo lleno de emoción.

De inmediato fue donde su hermano para contarle que había invitado a alguien y sin dar muchos detalles él aceptó. Era una gran oportunidad para hacer sentir felices a dos solitarios de la vida—al menos eso era lo que todos creían hasta el momento.

Había llegado el día de la cena y Alonzo deslumbraba de felicidad. Se puso su mejor traje, después de darse un exquisito corte de pelo. Era su mejor noche de vela y no quería desilusionar a la mujer que había hecho despertar su corazón. A lo lejos ve que se acerca Altagracia, sale a su encuentro y los dos se miran a los ojos. Saben que existe un sentimiento que los une. Entraron a la casa y después de presentarla iniciaron la celebración en familia.

Esa noche ambos se fueron a un lugar solitario. Todo pasó. Estaban conscientes de que posiblemente no se verían por mucho tiempo y él debía regresar a su hogar muy temprano al otro día. No querían despedirse, porque sabían que la distancia separa a las personas, más allá de lo físico. Evitaron sentir tristeza y disfrutaron esas últimas horas.

Cinco meses después de aquella noche alegre y casi eterna, Yonathan recibe la noticia de que Altagracia está embarazada. No le costó mucho pensar que podía ser de su hermano, así que decide llamarlo y darle la sorpresa. Él hace silencio y el único pensamiento que tiene en la cabeza es que ella no tuvo la delicadeza de llamarlo y contarle, aunque él se había descuidado y dejó de llamarla, no por desinterés, sino por trabajo. Dejó los pensamientos negativos y aceptó la responsabilidad que le tocaba. Su hijo nacería en cuatro meses.

El pequeño Emmanuel nació de forma prematura y a pesar de la gran ilusión que había traído, su padre lo conoció cuando cumplió el primer año, pues la distancia y el trabajo le impedían realizar tan larga travesía. Además de que sacrificó la mayoría de sus ingresos para poder pagar los gastos del nacimiento y posterior atención especial por las condiciones en las que había nacido.

Cuando el niño cumplió cinco años empezó a recibir clases con una tutora. A pesar de su corta edad tenía la capacidad de entender que su madre era irresponsable. Era lo que le decían sus vecinos al verlo caminar solo hacia la escuela y aunque quedaba muy cerca, representaba un peligro para él. Esto sin considerar la pésima alimentación que recibía en casa. Aunque Alonzo todavía no lo había reconocido legalmente como su hijo, y a pesar de la difícil situación económica por la que atravesaba, procuraba no descuidarse y cada mes enviaba el dinero que servía para su manutención.

Altagracia estaba sintiendo algunos malestares en esos días, por lo que decidió visitar un centro médico. Le pidieron volver con algunos análisis y así lo hizo. Luego de esa última visita llamó a Alonzo mientras iba de regreso a casa

—Quizás no te importe, pero me detectaron un cáncer.

—¿Qué? Dime que es una broma, por favor.

—No, es cierto. Acabo de llegar a casa con esa mala noticia.

—Espera, no te desanimes y por favor deja de decir esas cosas . Claro que me importa. Busca el mejor hospital donde puedan tratar esa enfermedad y no te preocupes por los gastos, yo pagaré todo. No te puedo dejar sola, así que prepara todo lo que tengas y lo del niño. Se irán a casa de Milagros, la hermana de mi cuñada.

—¿De verdad harás eso por mí? No tengo palabras para agradecerte. Haré lo que digas.

Milagros se compadeció de aquella mujer y aunque vivía con su hermana Mercedes, debía hacer algo para apoyarla. Sentía que Altagracia era parte de la familia, aunque el único pariente que las relacionaba un poco era Emmanuel. Su plan era permitir que usaran su habitación y ella moverse a otra más pequeña. Preparó todo para que sus nuevos inquilinos se sintieran cómodos durante la estadía.

Cada fin de semana Altagracia debía ir a sus citas médicas para hacerse chequeos de rutina. Tenía semanas viviendo en ese lugar y todo parecía estar bien. Aunque Juan, el hijo mayor de Milagros, se sentía molesto, sin embargo, no decía nada. Su vida se fue transformando y pasó de ser un niño alegre a un niño triste y resentido. Quizá estaba notando que alguien había llegado a su casa como visita y ahora se estaba atribuyendo funciones que no eran suyas. Eso le molestaba.

—Esto no puede continuar así, ya está bueno. Esta señora se cree la reina de la casa, quiero que se vaya. Mis primos y yo no nos sentimos cómodos con esta situación—le dijo molesto a su madre.

Ella quedó sorprendida por lo que había dicho su hijo y se llenó de confusión y vergüenza al mismo tiempo. No podía creer lo que había escuchado. Mercedes salvó la situación y aunque estaba avergonzada por la actitud de su sobrino, le pidió a Altagracia que se quedara en la casa de una amiga que vivía a sólo dos cuadras de allí. Ella no aceptó. Hizo un gesto extraño y usó la situación para desahogarse.

Cuando los demás se retiraron del espacio, le pidió a Milagros que hablaran un momento en privado. Esta aceptó y fueron a una de las habitaciones de la casa

—Me siento muy mal. Los hijos de tu hermana no me respetan. Me acosan y piden que me vaya de la casa. No sé si puedes hacer algo para que no se repita esta situación, porque me siento muy indignada.

Milagros se caracterizaba por ser una mujer serena y compasiva, pero esta vez no fue así. Salió furiosa y arremetió en contra de toda su familia. Todo gracias a las acusaciones falsas que había hecho una mentirosa, actuando como la víctima.

La situación propició una gran discusión entre la familia, creando enemistad entre las hermanas. No se daban cuenta de que la única culpable era Altagracia. Su plan de destruir la unidad familiar y quebrantar la paz que normalmente tenían había funcionado. Una familia que era reconocida por ser solidaria y unida había sido separada por una mujer que tenía un sistema de vida muy diferente. Era desorganizada y básicamente no le daba importancia a nada. Después de lo ocurrido ya nada era igual, sólo se veía rivalidad; por lo que Mercedes le pidió a Yonathan que sacara a su familia de ahí lo más rápido posible—algo que no requería mucho esfuerzo. Todos estaban desesperados por irse.

Emmanuel ya le había tomado confianza a Milagros y comenzaba a contarle como su madre lo trataba. Con sólo cinco años parecía un adolescente reclamando sus derechos. Le contó que su mamá lo maltrataba tanto verbal como físicamente, no le prestaba atención, lo dejaba solo en la casa y se iba a la calle. Todo eso se había reducido cuando se mudaron allí, pero igual sentía que su madre no lo quería. Le sorprendía ver que un niño con esa edad hablara de esa manera. Se tomó el tiempo para consolarlo y le prometió que haría todo lo posible por apoyarlo y que sintiera el amor de una madre.

A pesar de los tratamientos, la salud de Altagracia empeoró y después de unos días ingresada en un centro médico su cuerpo no aguantó más y falleció. Otro golpe para Emmanuel. Todavía no entendía la muerte, pero posiblemente empezaría a extrañar a esa mujer que, después de todo, era su madre.

Alonzo, además de sentirse un poco triste estaba preocupado. Todavía no había declarado a su hijo y temía que como consecuencia de lo ocurrido el niño fuera a quedar en manos de la difunta, los cuales no le inspiraban mucha confianza.

Medio año después de la muerte de su madre, el niño empezó a ver las cosas de manera distinta; era atendido con mucho amor y Milagros, en cierta forma, lo había adoptado como su hijo. Sin importar que no se lo pidieran, ella estaba dispuesta a cuidarlo hasta que fuera adulto. Le había tomado mucho cariño.

En búsqueda de los documentos del niño, Alonzo decidió ir al hospital donde este había nacido. Allí descubrió algo que lo dejó sin palabras por unas largas horas. No podía creerlo. Al consultar a los médicos que atendieron a Altagracia el día del parto, se enteró de que el niño no había nacido prematuro, como ella le había contado, sino que nació en el tiempo que le correspondía. Presentía lo peor.

Siguió indagando y todo indicaba que el niño no era su hijo —al menos no de sangre—. Él y su familia habían sido engañados por una mujer que, con sus encantos y su manera tan fría de mentir, se había aprovechado de todos. Una gran traición que, sin importar la impotencia que generó, ahora no tenían a quien reclamarle.

La noticia llegó a toda la familia. Todos se sentían utilizados por una mujer que ahora había sido catalogada como una persona irresponsable y manipuladora. Se dieron cuenta de que todos sus problemas habían sido causados por ella. Llegó a la familia a sembrar incertidumbre, desunión familiar y usando su enfermedad logró vivir como una "reina" hasta el último de sus días.

Días después la hija de Yonathan tuvo un accidente y fue ingresada de emergencia debido a los delicados golpes que había recibido en todo el cuerpo. Milagros fue al hospital para recibir noticias acerca del estado de su sobrina; le dijeron que a pesar de los golpes se encontraba estable y todavía esperaban que despertara. Se sintió bien con la noticia y dijo que volvería luego, pero cuando iba a salir de la habitación se encontró con Mercedes y empezaron a hablar al lado de la cama. Se dieron cuenta de que no existía ningún motivo para seguir con la riña. No podían darle tanto poder a las acciones de una mujer malvada. Se dieron un caluroso abrazo y justo en ese momento la joven despertó, presenció el momento y eso bastó para que una leve sonrisa apareciera en su rostro.

En poco tiempo volvieron a ser una familia unida y fueron recuperando esa alegría que los caracterizaba. Se prometieron no volver a dudar uno del otro, sin importar las circunstancias. A pesar del amargo episodio, Alonzo entendió que el niño no podía pagar por los errores de su madre y eligió seguir tratándolo como su hijo, aunque no llevara su sangre. No lo abandonarían, ya era parte de la familia. Milagros aceptó seguir cuidándolo bajo las mismas condiciones de antes, definitivamente no sería una carga para ella.

La familia completa volvió a reunirse como de costumbre para celebrar la Nochebuena y Yonathan sintió que era una buena ocasión para darle un mensaje a todos

—La solidaridad, el amor y la confianza son las tres cosas principales para obtener una vida llena de paz. A veces, encontraremos personas en nuestro camino que querrán destruir lo que tenemos a base de mentiras y engaños, manipulándonos y haciéndonos hacer cosas que nunca pensamos hacer, pero después de la gran tempestad llega la paz y si sabemos aceptar las cosas tal y como son, entonces podremos salir adelante con la paciencia que Dios nos da a cada uno. Todo lo que nos sucedió era parte de un plan mayor para hacernos más grandes, a cada uno de nosotros. Que viva la unión y el amor de la familia, ¡salud!

• • •

Ante tantas posibles reflexiones y preguntas que se pueden extraer de esta historia, dejaré que seas tú quien descubra lo que puedes aprender de las líneas que acabas de leer. Aunque tienes la opción de quedarte con la reflexión expresada por Yonathan, me gustaría que profundices un poco más, observes las acciones de cada personaje y te permitas crear tu propia conclusión.

Te invito a compartir tu reflexión conmigo y que me permitas ser parte del aprendizaje que esta historia pudo traer a tu vida. Si no sabes cómo contactarme, **usa la información en la última página de este libro**. Te espero.

Sé agradecido contigo por soportar tanto y seguir de pie. Agradécete porque aun cuando nadie creyó que podías levantarte, lograste hacerlo y brillar con tu propia luz.

#RESILIENCIA
Una vida lejos de la mediocridad

Quizás muchos de nosotros hemos tenido la oportunidad de contemplar un amanecer y disfrutar de todos los componentes que hacen de ese momento algo inolvidable. No se requiere mucha imaginación para notar la belleza que proyecta, porque es un espectáculo que la naturaleza nos permite vivir cada día de nuestra existencia.

A veces me pregunto ¿cuántas circunstancias debe pasar el sol para volver a salir? ¿Qué hace en los días grises? ¿Qué hace mientras es la luna quien nos brinda su luz? ¿Y tú, te lo has preguntado? Lo hayas hecho o no, quiero contarte lo que pienso al ver esta imagen.

El sol siempre está trabajando, haciendo su función donde es requerido. Sin importar que existan días donde muchos lo aborrezcan y otros donde sea deseado, siempre está ahí. No pierde tiempo, así que aprovecha los días lluviosos para reinventarse, buscar la mejor manera de volver a sorprendernos y de alguna forma inspirar a alguien que al mirarlo renueva sus energías.

Cuando llega la noche no se detiene, simplemente aporta de su grandeza para que alguien más brille y crezca, comparte su luz y permite que la luna y millones de estrellas sean vistas y también admiradas. Cuando empecé a verlo se me hizo más fácil entender la razón por la que tantas personas quieren contemplar su belleza y se detienen en cualquier esquina para verlo y crear recuerdos de todas sus facetas.

Ahora te invito a que reflejes todo eso en tu vida y empieces a reconocer tus talentos, lo que eres capaz de hacer para también ser fuente de luz. No importa cuantas veces te hayan criticado o buscado algún defecto, sigue enfocado en cumplir tus metas. Evalúa e identifica lo que no está bien, cámbialo, pero nunca te detengas. La vida se trata de reinventarse cada día y ser la mejor versión de ti.

Brilla, porque no fuiste creado para vivir en la mediocridad. Aprovecha los días grises para crecer, aprender de los errores y ver las formas en que puedes hacerlo diferente. Usa tu luz para apoyar a que otros también puedan ser notados y admirados. No seas parte del grupo que para alcanzar la grandeza pisotean a los demás. Apoya, motiva, inspira, porque ese es tu llamado.

Pregúntate qué estás haciendo en estos momentos para reinventarte y ser esa persona que deseas. reflexiona sobre tu vida y aprende del sol que cada día tienes la oportunidad de brillar y contagiar a otros de lo hermoso que llevas dentro. Así que por favor nunca lo olvides, ¡brilla, porque eres luz!

BUCLE INFINITO
¿Y si ya soy feliz?

—Me sentí impotente al no poder hacer nada. No tenía fuerzas para moverme. Él estaba triste y a pesar de estar muy deshidratado todo lo que decía iba acompañado de muchas lágrimas. Habló sobre muchas de las cosas por las que se arrepentía y luego de hacer una larga pausa me miró fijamente a los ojos, me pidió perdón y dijo que no lo soportaba más.

—¿Y qué hizo luego?

—Soltó mi mano, se quitó el chaleco salvavidas y se dejó arrastrar por el océano. Es todo lo que puedo decirle oficial.

Así terminó el interrogatorio que las autoridades le hicieron a Fabio por los hechos ocurridos entre los días 12 y 13 de septiembre de 1989. Dos días después parte de la investigación se filtró a los medios locales y se interesaron en conocer la historia completa. Profundizaron la investigación y en un mes amaron y publicaron una historia donde el personaje «principal» era un hombre llamado Enrique.

Todo inició el día 16 de agosto de 1989 cuando Enrique fue a casa de Fabio y le pidió salir a caminar para conversar un momento. Aprovechó que no había gente en el entorno y le contó que un conocido le habló acerca de un viaje ilegal que se estaba organizando y él estaba interesado en ir. Admitió que era una idea peligrosa, pero se había convencido de que era la manera más fácil de mejorar su vida y la de su familia.

—¿Estás loco?—dijo Fabio un poco alterado.

—Lo he pensado mucho y es la segunda vez que me entero de uno de esos viajes, creo que lo voy a intentar. Te lo estoy diciendo porque cuando lo haga no le diré a nadie.

—Ya veo. Al parecer está decidido. ¿Cuándo es el viaje?

—El próximo 10 de septiembre. Ah, y otra cosa amigo. Necesito completar el dinero para cubrir el costo, ¿me haces un préstamo?

—Déjame procesar todo esto y luego lo hablamos. Es mejor que me vaya. Cuídate, no seas pendejo.

Seis días después de esa conversación Fabio perdió su trabajo de manera injusta. Lo acusaron por, supuestamente, haber sido el responsable del robo, aunque no tenían ningún tipo de evidencia, sólo los testimonios de sus compañeros que hace un tiempo habían armado un complot para que lo despidieran. El acontecimiento, sumado a otras cosas que le sucedieron, hizo que reconsiderara sus opciones.

No tardó mucho para tomar la decisión de acompañar a su amigo en aquella extraña aventura y arriesgar sus vidas con el fin de probar suerte y ver si en otras tierras las cosas mejoraban. A diferencia de Enrique, él tenía buenos ahorros y podía tomar un riesgo más controlado, porque en caso de que las cosas no salieran bien—y si sobrevivía—, tendría un fondo disponible al regresar.

Se volvieron a reunir, conversaron sobre el tema y en pocos minutos ya era un hecho. Ambos harían el viaje. Contactaron a los responsables del viaje que, después de pedirles absoluta discreción, compartieron detalles sobre la fecha de salida, total a pagar por ambos y le indicaron que debían pagar el 50% como depósito inicial y el otro 50% sólo si llegaban a su destino sin inconvenientes, les aseguraron además que irían seguros y serían acompañados por alguien que a la fecha había realizado más de veinte viajes satisfactorios. Todo parecía estar en orden, así que no dudaron en cumplir con su parte y esperar el día del viaje con ansias.

La parte más complicada para Enrique era tener que marcharse sin decir nada y aunque inicialmente estaba muy convencido de hacerlo así, no era tan fácil como se escuchaba en su confusa cabeza. Sin embargo, por encima de cualquier duda que pudiera generarle algún tipo de indecisión sobre si era o no buena idea iniciar aquel viaje, en parte estaba convencido de que lo hacía por el bien de su familia. A su criterio, en algún momento lo perdonarían y entenderían que todo fue por ellos. Al menos esa era su esperanza.

Dos días antes de la fecha confirmada para el viaje recibieron una llamada donde les notificaron que saldrían un día antes de lo previsto. Tenían unas doce horas para organizar lo que les faltara y presentarse al lugar de la salida. La noticia no fue de su agrado, habían coordinado todo para desaparecer en la fecha indicada y ahora tendrían que acelerarlo todo. No tenían más opción que hacerlo, así que se prepararon para salir esa misma noche hacía el pueblo desde donde partirían al final de la madrugada del día siguiente.

Cuando llegaron al punto indicado lo primero que notaron es que el bote no era nada parecido a lo que les habían prometido y la cantidad de personas incluidas era mayor a lo recomendado para viajar de forma segura en una embarcación de ese tipo. Expresaron su inquietud, sin embargo, la única opción que tenían era abandonar el viaje sin ningún tipo de devolución. Ellos no estaban dispuestos a perder el dinero y viéndose, nuevamente, sin alternativas se pusieron los chalecos salvavidas y se montaron junto a otros ocho desconocidos, entre los que había quince hombres y tres mujeres.

El viaje inició con siete horas de retraso debido a la falta de algunos insumos indispensables para el viaje. Por un lado, las cosas se habían complicado, ya que lo ideal era llegar de noche y así poder desembarcar sin ser detectados. Dependiendo de cómo les fuera en el trayecto decidirían si iban a hacer una pausa donde podrían comer, descansar y esperar el mejor momento para continuar. La suerte estaba echada.

A seis horas de iniciado el viaje todo transcurría de manera regular, no existían motivos para preocuparse. Los motores de la embarcación estaban funcionando perfectamente y el «capitán» se veía tranquilo. Algunos de los pasajeros aprovecharon que todo estaba calmado y a pesar del calor que sentían lograron dormirse. Enrique y Fabio, sentados uno al lado del otro, no dejaban de estar nerviosos e insistentemente preguntaban sobre el tiempo que faltaba para llegar.

La calma se vio interrumpida cuando uno de los pasajeros dio voz de alerta al sentir que se estaba mojando. El agua comenzó a entrar y los nervios se apoderaron de la mayoría, excepto del «capitán» que les pedía mantener la calma y les indicó la manera en que podían resolver el percance. Tenía experiencia y sabía que podían superarlo.

Nada de lo que alguien dijera podía calmar a un grupo de personas que temían por sus vidas y no pasó mucho tiempo para que se dieran cuenta de que el agua era uno de dos problemas. Como si fuera poco, las olas eran intimidantes y cada vez golpeaban con más fuerza. Los gritos y pedidos de auxilio no se hicieron esperar, aunque eran inútiles. Además de ellos mismos, sus únicos testigos eran el sol y un enorme océano que aún no les permitía ver rastros de tierra.

La desesperación no les ayudaba, era necesario que se mantuvieran unidos y en caso de que la embarcación finalmente se volteara, debían tomar las medidas correctas para poder sobrevivir a tal escenario. El «capitán» seguía insistiendo en que mantuvieran la calma. Todos lo ignoraron hasta que ambos motores dejaron de funcionar y su rostro ya no era el de un hombre confiado en su experiencia. Sabía que estaban en una muy mala posición, pero eligió hacer silencio y seguir haciendo el intento de que al menos uno de los motores volviera a encender. Él no entendía por qué estaban sucediendo tantas cosas al mismo tiempo.

Una enorme ola volteó el bote, algunos resultaron heridos, entre ellos Enrique, y más de la mitad fueron alejados del grupo por el fuerte oleaje. La pesadilla había iniciado y aunque creían que todo era parte de un sueño, lamentablemente era su triste realidad. Agarraron las pocas cosas que estaban a su alcance y trataron de apoyarse, sin embargo, la desesperación de algunos que tenían miedo de morir ahogados afectaba a los que deseaban mantener la calma. Los mismos chalecos salvavidas que hacían flotar los cuerpos de algunos que fallecieron con el impacto, eran para los demás la última esperanza de sobrevivir y ser encontrados.

Fabio, al enterarse de que su amigo estaba herido en un brazo decidió tenerlo cerca y empezaron a flotar junto al chico más joven del viaje, que además de ellos dos era el único que quedaba cerca. Los demás se habían alejado con la marea y otros decidieron nadar, sin rumbo, con el fin de buscar apoyo. Se veían preocupados; eran demasiadas cosas en poco tiempo, y como si no fuera suficiente luchar contra el océano, el sol no daba tregua y sólo complicaba más lo que ya era un escenario nefasto.

Cuando llegó la noche todo estaba más calmado, incluso las olas eran menos preocupantes. No tenían ánimos para hablar y el cansancio era evidente. Después de unas horas parecían haber aceptado la realidad—al menos eso creían—. De repente se escuchó un grito de desesperación que parecía una descarga de rabia y dolor combinados. Seguidos de una risa desquiciada y extraña que confundía a todos. Era Enrique.

—¡Oye, detente! ¿Qué te pasa?—dijo Fabio preocupado por la reacción de su amigo.

—¿Cómo me preguntas esa mierda? ¿En qué mundo vives?

—Cálmate o dejamos esto aquí. Yo sé por lo que estamos pasando, ahora bien, me preocupan esos gritos y esa risa tan rara…

—Estoy cansado de esta mierda de vida, no importa lo que haga todo me sale mal. Mira esto, tantos planes supuestamente para tener una mejor vida y estamos a punto de perderla por una maldita mala decisión, empecé gritando, pero luego me dio risa porque yo no tengo suerte. Es como si alguien espera a que yo intente algo y me jode, como diciéndome "tú estás destinado al fracaso", y yo vuelvo a sentirme como una basura. Todo eso tú lo sabes, ¿y a pesar de eso te atreves a preguntarme qué me pasa? ¡Qué cojones!

—Hermano, no gastes más energía con esos pensamientos, necesitamos fuerzas para sobrevivir y…

—¿Sobrevivir para qué? Para llegar y que alguien me diga fracasado y otros me indiquen que en el siguiente paso está la felicidad. Fabio, yo me he pasado toda la vida buscando la felicidad, desde pequeño creándome ilusiones pensando que si lograba algo iba a empezar a ser vivir mejor. Primero me dijeron que debía estudiar para ser una persona «inteligente» y tener oportunidades en la vida, yo fui obediente y estudié pensando que al terminar tendría lo que muchos de mis compañeros ya disfrutaban y entonces podría ser feliz como ellos. Me engañaron y cuando terminé los estudios primarios me dijeron que debía seguir con los secundarios, acompañado de una mentira más.

»Nuevamente pensé que al concluir con esa etapa iba a ser feliz porque podría trabajar con mis tíos en la tienda. Cuando lo hice, ellos hicieron énfasis en que debía tener un título universitario y que trabajar me podría entretener, así que mi siguiente obligación era terminar la universidad. Yo no quería, ellos me lavaron el cerebro Fabio. Dijeron que podría tener un trabajo, tener ingresos propios y empezar a comprar las cosas que me gustaban. Sentí que eso sí me haría feliz, así que me esforcé para hacerlo bien. Obtuve buenas calificaciones y a pesar de eso lo único que sentí fue una gran decepción, porque nada de lo que viví durante ese proceso me hizo ser feliz.

»Nadie se acercó a mí para ofrecerme un empleo, ni siquiera mis tíos. A nadie le importó una mierda todo el esfuerzo que había hecho para terminar los estudios y luego llegaron los imbéciles que decían "un trabajo no te hará feliz, pero una familia sí". Más patrañas.

—¿Mentira? ¿Julia y tus hijos no te hacen feliz?

—No. No lo sé. Es que nada ha logrado hacerme sentir así, ¿recuerdas mi primer auto? Me metí en grandes problemas para obtenerlo porque supuestamente me haría sentir diferente y no fue así. La incertidumbre de si podía pagarlo me afectaba tanto que no lo disfrutaba. Una fórmula más que a otros les había funcionado y a mí no.

»Tú sabes bien que tenía muchísimas expectativas por el nacimiento de mi primer hijo, durante ocho largos meses creí que sentiría esa sensación que veía en muchos padres primerizos, pero además de los gastos que se generaron porque nació de forma prematura, no te imaginas la frustración que sentí a los tres meses de su nacimiento. Yo no tenía nada que darle, nada de lo que siempre soñé.

»Fabio, empecé a construir mi casa y aunque era pequeña, creía que al verla terminada sentiría la satisfacción de haber hecho algo diferente, sin embargo, me sentí igual de miserable. Empecé a preguntarme por qué no pude hacerla mejor, agregarle una habitación más y empecé a compararla con las viviendas que habían hecho mis vecinos. Me frustraba ver que ellos podían hacer mucho más que yo.

»Cada cosa que terminaba en lugar de agregar un poco de alegría a mi vida, me llenaba de frustración y muchas preguntas que no sabía cómo responder. Dejé de intentar nuevas cosas, ya me daba miedo hacer un nuevo intento de ser feliz. Empecé a sentir que el mundo estaba minado de mentiras y cuentos baratos donde te dicen que hagas esto y lo otro para luego dejarte solo en el camino.

»Escuché sobre este viaje en un momento donde no quería hacer nada. Me motivó saber que uno de mis familiares había logrado llegar con éxito y su vida, y la de su familia, cambiaron por completo. Así que volví a revivir ese viejo pensamiento y vi otra oportunidad de encontrar la felicidad. Si todo salía bien podría darle a mi familia todo lo que deseaba y entonces, finalmente, encontraría la felicidad que por tantos años había buscado.

»Me volví a ilusionar y mírame aquí, en esta mierda de océano luchando para sobrevivir, ¿de qué maldita felicidad la gente me habla? Si cada cosa que me mantuve persiguiendo en la vida me hacía sentir peor, nada me ha hecho feliz. Tengo a mis hijos, una familia que me quiere y se preocupa por mí. Mi esposa embarazada de cuatro meses y yo aquí con más riesgo de morirme que de oportunidad de salvarme, ¿y todo para qué? Me pasa por estar siempre en busca de la maldita felicidad que todos me vendían como algo fácil y resulta que no existe…

—Hermano. Detente por favor, ¿por qué te torturas así?— preguntó Fabio sin obtener respuesta alguna.

Ya sólo se escuchaban las olas, Enrique seguía llorando sin decir una palabra. Horas más tarde apretó la mano de Fabio, lo miró fijamente a los ojos, dijo unas pocas palabras y habiéndose quitado el chaleco salvavidas, a pesar de los gritos de desesperación de su amigo pidiéndole regresar, se dejó llevar por el océano en la oscuridad.

Al amanecer, una embarcación de la guardia costera que merodeaba la zona notó indicios de un posible naufragio e inició una operación de rescate. Sólo lograron encontrar a cinco personas con vida, aunque en un estado avanzado de deshidratación. Horas después abandonaron la búsqueda, les dieron de beber y comer e iniciaron los trámites para que fueran repatriados a su país de origen. La pesadilla se había acabado, al menos para un grupo, y ahora tendrían una nueva oportunidad de replantearse sus vidas o simplemente arriesgarse y volver a intentarlo.

¿Quién le hará entender a los hijos de Enrique que su padre falleció mientras perseguía un sueño? ¿O en busca de la supuesta felicidad? ¿Acaso podrán entenderlo? ¿O lo entenderá su esposa? Me pregunto cuántas cosas hemos hecho creyendo que en el siguiente paso encontraremos la felicidad y cuántas veces nos hemos visto en la misma posición de Enrique porque no resulta como esperábamos. Tener más dinero, un auto nuevo, casa propia, el trabajo deseado por todos, terminar una carrera o simplemente tener una familia no nos dará lo que consideramos felicidad.

Sé que muchos dicen y piensan que "el dinero sí trae felicidad" y les pregunto ¿hasta qué punto? Hemos visto muchas personas que teniendo bienes y "todo lo que cualquiera desearía" han confesado que no son felices y además huyen de este mundo porque ni siquiera con todo eso lograron encontrar la «felicidad». ¿Cuándo vamos a entender que la felicidad no se encuentra en las cosas que logramos? ¿Hasta cuándo creeremos que somos infelices por el simple hecho de no haber logrado algo?

Muchas personas pasan la mayor parte de sus vidas persiguiendo la felicidad sin darse cuenta de que, quizás, ya son felices con lo mucho o lo poco. Con un abrazo propio, con una simple sonrisa, en un momento de conexión con la naturaleza, con una rica comida o con la sensación que provoca el poder respirar. Debemos abrir los ojos y entender que la felicidad se encuentra en cada uno de nosotros, en cada pequeña cosa que tenemos la oportunidad de vivir.

Por favor, entiende que nadie más está llamado a llenar tu vacío. Los demás no deben sentir el compromiso de "reparar" tu vida, esa es tú responsabilidad. Estás destinado a compartir tu propia felicidad con las personas que te rodean, sin pensar que existe alguien responsable de hacerte feliz o que las acciones de otra persona son las causas de tu infelicidad. No te permitas eso, nadie debe controlar cómo te sientes.

Quiero dejar claro que esta es mi opinión y respetaré si no estás de acuerdo, así como aceptaré lo que opines al respecto, pero me niego a ver más personas sintiendo las frustraciones que sintió Enrique en sus últimas horas, porque al repasar su vida se dio cuenta que había sido un títere del sistema. Su vida terminó persiguiendo algo que muchas veces tuvo, sólo que no se dio la oportunidad de sentirlo.

Es posible que no te pases todo el tiempo con una sonrisa en el rostro, porque estarías renunciando a otras emociones que tenemos los seres humanos, sin embargo, si eliges disfrutar cada parte de los procesos que vayas viviendo, tu vida cambiará en una forma extraordinaria. Te lo digo en serio, disfruta cada momento y por favor deja de esperar fechas «especiales» para ser feliz o demostrar tus sentimientos. Una vez hecho lo anterior, valora y cuida las pequeñas cosas, porque son también parte importante del paquete.

Por último, recuerda que el «fracaso» no te hace débil. Revisa la fórmula, ajusta las variables e inténtalo de nuevo. Deja de ver los logros de los demás para minimizar tu esfuerzo. Toma el control de tu vida, sigue adelante y evita ponerle precio a tu felicidad, porque en el texto de este relato esa palabra se ha repetido diecisiete veces y aun así no serás feliz al menos que tú decidas serlo. Te invito a soltar este libro por un momento—insisto, sólo un momento— y luego me gustaría que te hagas la siguiente pregunta: **¿y si ya soy feliz?**

#RECUERDOS
Capturando y reviviendo sonrisas

Un día de verano dos amigas caminaban en la orilla de la playa, se detenían a jugar con la arena, escribían sus nombres, sonreían y bailaban sin siquiera tener música. Una de ellas llevaba una cámara profesional y durante la caminata se detenía a tomar fotos del paisaje, también hacía tomas de las acciones de su amiga, algo que le generó una duda y decidió preguntar

—¿Por qué siempre estás tomando fotos y no disfrutas el momento?

—¿Qué? ¡Claro que disfruto el momento! Me gusta tomar fotos y crear recuerdos.

—Ah, entiendo. A mí no me gusta hacerlo, no le encuentro sentido.

—Respeto tu opinión, pero para mí sí tiene sentido. Es hermoso ver una foto y revivir ese momento, con un familiar, amigos o quizás un lugar especial. ¿Recuerdas a mi abuelo?

—No tanto. Sé cómo era y recuerdo que lo querías mucho.

—¡Lo amo! Y cada vez que tengo la oportunidad revivo muchos momentos con él, sonrío, lo escucho hablar. No es que no acepte su partida, es que me genera paz verlo, siento que está aquí, conmigo.

—Bueno… Viéndolo de esa forma, sí, parece que tiene sentido. Me he acostumbrado a simplemente vivir el momento y hasta hoy he considerado eso de tomar fotos como una pérdida de tiempo. Así que sí, quizás deba aprender a crear recuerdos.

Al igual que la chica en la historia, muchas personas subestiman la importancia de crear recuerdos y cómo pueden servir para animarnos y motivarnos en los días difíciles. Una fotografía o audiovisual que hace eterno un momento alegre puede ser un recurso muy valioso.

Piensa un momento en esas veces que has revisado la galería de imágenes y dime algo, ¿cuántas veces has sonreído al ver una foto o vídeo? ¿Cuántas veces has querido transportarte nuevamente a ese bello paisaje que te hace vibrar? ¿Cuántos recuerdos has creado a lo largo de tu vida?

Empieza a crear memorias de los eventos importantes que vayas viviendo. Realiza actividades que sumen felicidad a tu vida y comparte momentos con personas especiales para ti. Escribe algo donde describas el momento, tómate fotos o graba esos pequeños espacios donde cantan, bailan y sonríen, porque no sabes cuándo podrías usar ese recurso para animarte, generar alegría en ti y poder transmitir esa emoción a alguien más. Crea un balance justo entre vivir el momento y agregarlo al baúl de los recuerdos. A mí me gusta tomar fotos de la naturaleza, no obstante, al momento de escribir este texto estoy trabajando fuertemente para tener más capturas donde yo esté incluido.

Quizás muchos dirán que también existen los malos recuerdos, y sí, pero en más de una ocasión hemos hablado de no usar esas experiencias para volver a sufrir a causa de ello. Si somos conscientes de lo que hace daño, no repetimos el dolor que una vez nos causó, sino que lo usamos para crecer y una vez que lo logramos seguimos adelante, porque ya esos momentos habrán hecho la función de fortalecernos y demostrarnos de qué estamos hechos.

Hoy te pido que por favor vayas a tu álbum de fotos, físico o digital, hagas una limpieza de todo aquello que no te haga sonreír y por otro lado recibas la recompensa de revivir algún momento especial. Vívelo, aprecia cada momento que lo estás viendo, alégrate una vez más y si tienes la posibilidad, comparte ese recuerdo con alguien a quien creas que puedas sacarle una sonrisa.

KIQUE EL SABELOTODO
Una mentira potencialmente mortal

Dicen que difícilmente la vida de una persona cambia de la noche a la mañana, pero considero que Kique no puede decir lo mismo, porque su vida cambió casi por completo en cuestión de horas. Todo empezó la mañana del sábado 6 de mayo de 2006 cuando las decisiones que tomó ese día desencadenaron una serie de acontecimientos que no esperaba.

Recientemente había cumplido los 16 años y hasta el momento todo en su vida había transcurrido de manera regular. Cursaba el último año de colegio, ya en vísperas de exámenes finales que definirían si iba a entrar o no al mundo universitario. Todavía no estaba totalmente seguro de la carrera que iba a elegir, sin embargo, tenía dos opciones en la mira: arquitectura e informática. A muy corta edad, por distintos motivos, se interesó en ambas profesiones.

Era una mañana soleada y realmente hermosa, aunque las energías en el hogar no eran las mejores. Desde temprano había iniciado una especie de altercado con su madre que le reclamaba por su mal comportamiento respecto a algunas cosas. A pesar de que ella tenía razón, él no lo aceptaba, así que continuó callado en una actitud de negación total. Típico de un adolescente.

Después de que las cosas se calmaron un poco, él fue a su habitación para pensar en una excusa que le permitiera salir de su casa. Tenía un plan para ese día y no podía permitir que una situación inesperada le impidiera cumplir su objetivo.

Cerca de las 10:30 de la mañana había encontrado el pretexto para salir, así que se acercó a su madre, que desde temprano estaba limpiando la casa, y le dijo que debía empezar a trabajar con las 60 horas de servicio comunitario, o trabajos en empresas, que la escuela tenía como requisito para graduarse. Aunque un poco incómoda y sin deseos de que saliera, su madre le permitió salir, haciendo la aclaración de que no podía tardar mucho tiempo.

El día anterior Kique había acordado con una amiga que le apoyaría con el arreglo de su computadora y para lograr llegar a la vivienda de esa persona había gestionado una moto con su amigo Alberto, así que su plan era levantarse temprano, desayunar, vestirse, pedir permiso y salir. Por alguna razón, todo eso se había alterado y tuvo que mentir para poder cumplir con el compromiso hecho.

Llegó a casa de Alberto y de inmediato recibió las llaves de la moto, conversaron un rato acerca de la escuela, lo que iban a hacer durante el día y luego se despidieron con el acuerdo de verse unas horas después. Ya sin nada más que le impidiera empezar su travesía, inició el viaje de tres kilómetros hasta el apartamento en el que vivía Elsa.

Su amiga estaba recogiendo algunas cosas del balcón cuando se percató de que él había llegado, fue a abrir la puerta y lo saludó con mucha emoción. Aunque se comunicaron el día anterior vía telefónica, pasaron unos días desde la última vez que se vieron personalmente. Se sentó en el mueble, como de costumbre, mientras ella buscaba la computadora que iba a ser reparada. Una vez que el equipo estaba en la sala, empezaron a conversar.

—¿Me puedes dar un poco de agua?

—Claro que sí, regreso en un momento.

—Gracias. —Contestó, mientras miraba fijamente un retrato de la celebración de quince años que le habían hecho a Elsa meses atrás.

Se tomó el agua y siguieron conversando por unos minutos más, entre risas y con la esperanza de verse muy pronto, se despidieron y él se marchó. Mientras bajaba las escaleras del edificio decidió hacer una parada. A unos pocos metros de ahí estaba el edificio donde vivían dos compañeros de estudios y quien en ese momento le conseguía algunos trabajos para que generara dinero.

Llegó a casa de su compañera Luisa, que vivía en el primer piso, puso la computadora en la entrada del apartamento y se sentó para tener una breve conversación y regresar a casa. Después de una divertida charla, en lugar de irse a casa decidió hacer otra parada.

Dejó el equipo en casa de su compañera y subió al tercer piso del edificio con el propósito de ver a Manuel e investigar si tenía algún trabajo disponible para los próximos días. En lugar de trabajo encontró la solicitud de un favor. Debido a la escasez de agua que tenía el sector, le pidieron apoyo para buscar al menos 20 litros de agua—conocido también como botellón—. Eso significaba regresar al centro de la ciudad, a tres kilómetros de distancia, sin embargo, eso no impidió que diera una respuesta afirmativa.

El día se seguía alargando, entre visitas y favores que nada tenían que ver con la excusa usada para salir de su casa. Tomó el botellón y se fue a la ciudad. Consiguió el agua y cuando iba de regreso vio a su amigo Alberto que en ese momento esperaba que terminaran de lavar el auto de su casa. Lo saludó a la distancia y siguió su camino.

Al regresar, sube al tercer piso y por segunda vez en el día solicita un vaso de agua

—Sé que estás cansado, pero voy a necesitar que me busques otros 20 litros de agua al pueblo. Realmente nos hace falta.

—No hay problema, descanso un momento y vuelvo en la moto.

—Bueno, podrías ir en el cuatrimoto si deseas, ¿sabes usarlo?

—Sí, busca las llaves—dijo sin titubear, a pesar de que no era cierto. Hasta ese momento sólo había montado un vehículo de ese tipo en calidad de pasajero.

—En ese caso, en lugar de un botellón llévate dos y te vas con Junior para que te ayude a sujetarlos detrás, así te concentras en conducir.

—Perfecto, así lo haremos entonces.

Junior era un adolescente de 10 años que estuvo bajo el cuidado de Manuel durante todo el fin de semana y que no tuvo ningún inconveniente con salir a dar una vuelta. Lo vio como una vía de escape para no estar encerrado en el apartamento.

Tal y como lo acordaron, sacaron el cuatrimoto y le hicieron una revisión rápida. Llevaba unos días sin usarse y quisieron validar que tuviera combustible suficiente, además, validaron que los frenos funcionaran de manera correcta. Se montaron, el niño sujetó los botellones con ambas manos y partieron hacia su destino.

Después de haber recorrido aproximadamente un kilómetro, colisionaron con una moto que venía en dirección opuesta y, sin que hasta ahora se sepa el detalle de cómo ocurrieron los hechos o quién tuvo la culpa, los tres cuerpos cayeron dispersos en el lugar del siniestro. Testigos, que se presentaron luego, afirman que la cabeza de Kique impactó contra una roca, el niño también cayó al suelo y la tercera víctima igual sufrió algunos daños.

De acuerdo con lo que veían, todos los presentes especularon lo peor. Todos veían, pero nadie accionaba. Un señor que pasaba por el lugar, de inmediato se dispuso a ayudar, limpió la parte trasera del camión que conducía y con la ayuda de algunas personas cargaron a los accidentados para llevarlos al hospital más cercano.

Cuando llegaron al hospital rápidamente examinaron a todos los pacientes. El niño, que fue el primero en ser atendido, sólo tenía un pequeño rasguño en la cara y la abundante sangre que se le veía no le pertenecía. El señor con el que chocaron se había fracturado la mandíbula y aunque por toda la sangre que llevaba parecía estar peor que todos, luego de un momento se dieron cuenta que estaba fuera de peligro, aunque igual debía ser atendido con urgencia.

Kique fue atendido por un médico que conocía a sus padres y aunque en ese momento no era consciente de nada a su alrededor, ni siquiera de sus propias palabras, no paraba de decir que se sentía bien. Cuando el médico se disponía a coser la herida se dio cuenta que algo no andaba bien y de inmediato llamó a la madre

—Hola, espero que estés bien. Por favor no te alarmes; te llamo para informarte que tu hijo se cayó. No es nada grave. Ven a buscarlo lo más pronto posible.

—¡Qué! ¿Él está bien doctor?

—Sí, claro. Sólo tienes que venir a buscarlo.

La madre salió apresurada de casa, desde temprano había tenido un mal presentimiento, de esos que suelen tener las madres en momentos parecidos, y sin mediar palabras empezó a caminar hacia el hospital. La gente le ofrecía llevarla, sin embargo, ella rechazaba las ofertas de inmediato y seguía caminando. Cuando ya había caminado aproximadamente un kilómetro, reaccionó y decidió pagarle a un motorista para que la llevara con más prisa.

Cuando llegó vio a su hijo recostado en una camilla, hicieron contacto visual y éste volvió a indicar que se sentía bien. Ella no pudo evitar llorar, se dio la vuelta y fue a conversar con el médico

—Usted me dijo que él no tenía nada, pero lo veo muy herido.

—No quería preocuparte. Es necesario llevarlo a otro centro para hacerle una tomografía y ver el estado real de su cráneo.

—¿Tienen cómo moverlo al otro centro?

—No. Se debe gestionar un transporte.

En el pueblo no había disponibilidad de ambulancias, así que llamaron a algunos familiares y amigos para conseguir un medio de transporte. Minutos después, el pastor de la iglesia donde se congregaban llegó en su vehículo y lo usaron para realizar el traslado. El ambiente se siente tenso y aunque el médico evitaba decir cosas preocupantes, ya su rostro se había encargado de transmitir el mensaje.

Fue puesto con mucho cuidado en la parte trasera del vehículo y lo llevaron a una clínica privada. Al llegar los pusieron en una sala de espera y las voces negativas no se hicieron esperar. El pronóstico de las personas que lo veían seguía siendo totalmente pesimista, algunos decían que posiblemente no sobreviviera y otros opinaban que en caso de sobrevivir quedaría como un vegetal. Empezaron a llegar personas de la iglesia mostrando su solidaridad en un momento tan difícil y mientras entraban, a pesar de todo lo que se escuchaba en el ambiente, Kique seguía repitiendo que se sentía bien y sujetaba la mano de los presentes mientras les pedía que oraran por él. Por momentos también preguntaba por su amiga Elsa.

Su padre era militar y al momento del accidente estaba trabajando a unos 55 kilómetros de distancia; cuando se enteró de lo ocurrido dejó todo y salió para el hospital. Al llegar se encontró con un ambiente cargado de mucha tensión, empezó a sentirse vulnerable; abrazó a su esposa y lloraron juntos por unos minutos. A pesar de que el escenario no era favorable, ambos confiaban en que todo iba a salir bien y se animaban más al escuchar que su hijo seguía estando positivo, repitiendo las mismas declaraciones.

Cuando terminaron de hacer los estudios el médico se reunió con ellos y les dijo que debía ser traslado urgentemente a un centro en la capital del país, ya que corrían el riesgo de que la sangre se filtrara a su cerebro. El diagnóstico sólo provocó más preocupación de la ya existente, pero el médico había sido honesto. Sabían que tenían poco tiempo para accionar y buscar la forma de salvarle la vida a su hijo. Desde ese momento todo dependía de las decisiones que tomaran en las próximas horas.

Un amigo de la familia logró conseguir una ambulancia y lo prepararon para el traslado. Todo sucedía ante la mirada incrédula de muchos espectadores que sin agregar ningún tipo de valor sólo seguían hablando de las bajas posibilidades de sobrevivir que existían en el caso. Mientras Kique seguía aferrado, sin ser consciente de ello, a luchar por su pronta recuperación.

El trayecto hacia la capital del país fue horrible. Los baches de las calles combinados con la velocidad a la que iba el vehículo complicaron la labor que tenían el médico y la enfermera que iban en la parte de atrás. También los acompañaba la madre, que en ningún momento quiso dejar a su hijo solo. La tensión en ese pequeño espacio se multiplicaba cada vez que debido a las reducciones repentinas de velocidad el cuerpo de su paciente se movía hacia delante, como si fuera a caerse de la camilla. Uno de esos movimientos bruscos le regaló a Kique el primer recuerdo que tiene después del accidente mientras hablaba por teléfono con su abuela, que se encontraba fuera del país, y para calmarla le dijo "yo estoy bien". Ella, obviamente, no le creyó. El sonido de la ambulancia bastó para que empezara a llorar y sintiera miedo de perder a su querido nieto.

Llegaron al hospital tras haber conducido durante tres horas y media, pero para su sorpresa, por ser sábado, la mayoría de los médicos estaban en su tiempo de descanso, incluso en otras ciudades. El personal de turno empezó a hacer llamadas y contactaron a un grupo de médicos indicándoles que era una emergencia y debían regresar para atenderla. Lo que complicaba todo es que se requerían especialistas, al ser un caso que tendría intervención quirúrgica en el cráneo.

En poco tiempo los médicos que tomarían el caso empezaron a llegar y al ver los detalles del caso se preocuparon un poco. Lo único que los dejaba un poco tranquilos es que, a pesar de la sangre, el tiempo que había transcurrido desde el momento del accidente y la profundidad del golpe, su paciente estaba tranquilo y se comunicaba sin ningún problema. Es algo que no podían entender del todo, pero lo aplaudían porque era lo conveniente. Aunque sabían que no se podían confiar.

En el hospital hicieron una reunión de emergencia para saber cómo iban a abordar la situación. La preocupación de los médicos era que el quirófano no tenía las condiciones para hacer una cirugía de ese tipo. Debían desinfectar y hacer las cosas bien. Estaban dispuestos a tomar el riesgo de esperar, evitando así que después de esa cirugía el paciente pudiera tener consecuencias por una mala práctica.

Extendieron su preocupación y decisión a los padres y les prometieron mantenerlo bajo vigilancia e iniciar la cirugía a las cinco de la madrugada del día siguiente. Tenían la seguridad de que si seguían los protocolos lograrían realizar una cirugía sin contratiempos y daños al paciente. Todos estuvieron de acuerdo y así lo hicieron.

Durante toda la noche le hacían muchas preguntas para evaluar sus respuestas y darse cuenta si todo seguía igual. Le preguntaban por los nombres de sus padres, la edad que tenía, nombres de algunos amigos, si sentía algún tipo de dolor y dónde. A todo respondía sin ningún tipo de dudas y eso daba tranquilidad a su madre, que por el momento se encontraba sola con él ya que el padre estaba gestionando unas pintas de sangre que eran requeridas para la cirugía y al ser del grupo A-, complicaba un poco la búsqueda.

En la madrugada del día 7 de mayo todo parecía seguir bien y mientras hacían los preparativos para la cirugía se dio una conversación interesante dentro de la habitación

—¿Me van a cortar todo el pelo?—le preguntó a su madre, como si esa fuera la mayor de sus preocupaciones.

—No lo sé mi amor, pero es posible que sí. A las personas que le hacen alguna cirugía en la cabeza le cortan el pelo.

—Pero es que yo no quiero que me corten el pelo—dijo con un tono tranquilo e inocente—, ¿no pueden quitarme solamente lo del lado donde tengo el golpe?

—No lo sé, pero si es necesario hay que hacerlo.

—Yo quiero hablar con el médico.

—¿Para qué mi hijo?

—Para decirle que no quiero que me corten el pelo—este pronunciamiento llamó la atención del médico que iba entrando a la habitación y provocó la risa de todos.

—¿Eso es lo que te preocupa?—le preguntó el médico con una sonrisa en el rostro.

—Sí.

—Entonces te prometo que cuando te preparemos sólo te quitaremos un poco de pelo en la parte donde tienes el golpe.

Después de que llegaron a un acuerdo lo prepararon, le permitieron despedirse de sus padres y lo trasladaron al quirófano. La cirugía estaba programada para iniciar en unos pocos minutos y sin que todavía haya ocurrido nada, la tensión empezó a esparcirse por el lugar, principalmente en sus padres.

Mientras la cirugía estaba en proceso ellos se abrazaban y lloraban juntos, pero a la vez se consolaban mutuamente y calmaban su ansiedad de saber lo que sucedía repitiendo las mismas palabras que su hijo no paraba de decir: todo estará bien. Recibieron llamadas de varios familiares que, a pesar de la distancia, sentían mucha preocupación por lo que estaba sucediendo, mayor aun por los comentarios negativos que escuchaban en el pueblo. Pocos tenían fe de que las cosas iban a salir bien.

Cuando terminó la intervención los médicos pidieron que buscaran a sus padres para que pudieran verlo desde lejos y le dijeron que la cirugía había sido un éxito, pero eso no significó nada para su madre que lo veía conectado a muchas máquinas y temblando como si estuviera teniendo un ataque de epilepsia. Le aclararon que todo estaba normal y que los movimientos bruscos se debían a la temperatura de la habitación y eso era parte del proceso. Ella se calmó y confió en las palabras de los profesionales.

Los médicos dijeron que probablemente lo que salvó a Kique de la muerte fue la curiosidad que tenía por todas las cosas que ocurrían en su entorno, incluso en cuidados intensivos donde preguntaba acerca de todos los sonidos que hacían las máquinas con el fin de entender qué significaba cada cosa. Sin embargo, para sus familiares lo que salvó su vida fueron las tantas veces que afirmó "todo está bien", a pesar del diagnóstico contrario que ofrecían los demás. Lo consideraban un milagro andante, una combinación perfecta entre la intervención divina y el conocimiento humano.

Diez días después de haber sido intervenido y bajo un estricto protocolo de seguimiento, logró regresar a su pueblo natal donde tuvo un largo proceso de recuperación y recibió las atenciones de su familia, principalmente de su abuela materna que llegó al país el día después del accidente y ahora lo complacía con todos sus antojos.

Recibió muchas visitas en casa, incluyendo la de sus compañeros que sin tener el detalle de todo lo que había sucedido en los últimos días, al menos tenían la tranquilidad de que estaba bien. Se acercaron a él personas con quienes la relación no era muy buena antes del accidente, pero que ahora actuaban como si a partir de ese momento ocurrió un borrón y cuenta nueva—y en cierta forma así fue, era el momento idóneo para volver a iniciar, viendo hacia atrás con el único propósito de aprender—. Cada momento que podía compartir era parte importante de su recuperación física y emocional.

Dos meses después del accidente el padre de Kique recibió una buena noticia. Le indicaron que podría irse a vivir a los Estados Unidos, en calidad de residente, por el periodo de un año y que su familia podía acompañarlo. Lo vio como una oportunidad, no sólo para conocer otro país y otra cultura, sino también para realizar la cirugía que le faltaba a su hijo, con el fin de proteger la zona del cráneo de donde se extrajo parte del hueso fracturado.

A los pocos días de recibir la noticia él, su hijo y esposa estaban en un avión que se dirigía a Washington D.C., donde sus vidas iban a tener cambios drásticos en muchos aspectos. Ahora se enfrentaban a un idioma que no conocían, a una cultura mixta y además debían crear nuevos círculos de amistades, porque todo lo que tenían en esos aspectos, se había quedado miles de kilómetros atrás.

La experiencia de vivir en otro país a una corta edad, le dio a Kique la posibilidad de expandir su pensamiento, aprender nuevas cosas, un nuevo idioma y conocer otras culturas. A pesar de que sintió una pequeña frustración por ser el único que no pudo asistir a la ceremonia de graduación por concluir los estudios secundarios, siguió viendo qué hacer para entretenerse y no perder su tiempo haciendo nada.

Fue en ese tiempo fuera donde finalmente eligió estudiar algo relacionado con la informática y no arquitectura. Además, para incrementar su aprendizaje del idioma inglés, salía a las calles, saludaba a las personas que iban caminando y luego hablaba con los choferes de los autobuses durante parte del trayecto. Su idea era mantener la mente ocupada, así que también empezó a escribir un pequeño cuento que con el tiempo se convirtió en su primera novela que, aunque al momento de escribir este texto no ha sido publicada, le permitió ver la vida de otra forma y lo inspiró a seguir escribiendo más.

El 15 de junio de 2007 tuvo la cirugía donde le pusieron una malla de titanio en el cráneo. Luego de algunas evaluaciones, días después de la cirugía, el médico a cargo del caso lo llamó para darle las buenas nuevas: ya no tenía que seguir tomando medicamentos constantemente pues tenían la seguridad de que no había riesgo de que tuviera un ataque de epilepsia. Le indicó que podía tener una vida normal y cumplir el deseo de regresar a su país de origen para iniciar los estudios universitarios—sabía que era muy costoso hacerlo en los Estados Unidos y llevaba meses deseando poder iniciar esa etapa de su vida—. La última buena noticia no era la más importante, pero lo hizo feliz: a pesar de los cortes en la piel, su pelo crecería casi al 100%.

Su vida cambió en muchas formas. Tuvo que entender de una terrible manera las consecuencias que pueden existir detrás de una mentira y lo que ocurre cuando en lugar de ser honestos y por lucir bien decimos tener conocimiento sobre algo sin que sea cierto. Estuvo cerca de perder la vida y ocasionar un daño, posiblemente irreparable, a toda su familia.

La experiencia le enseñó que a veces somos egoístas y no pensamos en cómo nuestras acciones pueden afectar a los demás. Nos encerramos en una burbuja, inventamos cosas y luego sólo hacemos eso que tanto deseamos sin detenernos un momento y preguntarnos ¿y luego qué? ¿Mis acciones le podrían hacer daño a alguien?

Aprendió, también, que la palabra tiene poder y aunque muchas personas en nuestro entorno nos quieran inculcar su pesimismo y quieran quebrantar nuestra fe, debemos seguir firmes creyendo que todo saldrá bien. Lo cierto es que él no se cansó de repetir que estaba bien y nunca dejó a un lado su confianza en que de alguna forma habría una intervención divina.

Desde que sucedió el accidente Kique se prometió no olvidar la manera en que sus padres lo protegieron, cuidaron y guiaron durante todo el proceso de recuperación. Es algo por lo que siempre estará agradecido. Eligió honrar a sus padres y ser un hijo ejemplar, sin importar las tentaciones con las que se topara en el mundo. Prometió, además, ser diferente y usar el tiempo extra que había recibido para dejar su huella y hacer del mundo un mejor lugar.

Lo último que puedo decir sobre él es que mientras escribo estas líneas, hoy 15 de marzo de 2021, está a punto de publicar su segundo libro. Su vida sigue en un constante proceso de transformación—ya que eso nunca termina—, pero cada día sigue buscando vías para colaborar con que otros vean la vida de una mejor manera.

A ti que estás leyendo lo único que puedo decirte es que por favor no le mientas a las personas que te rodean. No pretendas saber algo sólo por quedar bien con los demás y sin importar lo que otros puedan decir, nunca dejes de creer en que, si así lo declaras, todo va a salir bien.

Por favor, aprovecha cada momento de tu vida para hacer lo que te gusta, sé feliz, suelta la monotonía y empieza a declarar cosas positivas para ti. La palabra tiene poder y depende de ti usarlo para bendecir tu vida y no para hundirte un poco más. **A mí me funcionó, y soy como soy porque un día casi pierdo la vida y entendí que debía empezar a aprovecharla.**

DETRÁS DEL TELÓN
Poco es lo que parece

La señora que vende el té en la esquina revisa su celular mientras trabaja y con mucha emoción, ante la mirada extraña de sus clientes, sonríe y admira lo «bien» que le va a su vieja amiga de infancia, que ahora viviendo en otro país usa sus redes sociales para dejar evidencia de lo que parece ser su nueva vida. Cada imagen publicada logró lo que quería: convencer a todos de que las cosas le habían salido bien, a pesar de no ser la realidad que vivía.

De poco vale hacerle entender a la querida señora que lo visto en esas plataformas no necesariamente tiene que ver con la realidad, así que en su burbuja de ilusión sólo se limita a celebrar el éxito de los que aparentan ser exitosos y algunas veces comete el error de catalogar su propia vida como «mala» porque en lo más profundo de su ser desearía tener la suerte que otros parecieran tener.

Ella es sólo un pequeño ejemplo de lo que se ve a diario en una sociedad orientada, en su mayoría, a dejarse llevar de las apariencias, los rostros alegres sin preocupación y la actuación estelar de muchas personas que por una razón u otra desean maquillar su realidad y filtrar con color rosa lo que los demás pueden percibir de su existencia.

Sería muy fácil escribir breves historias de personas a las que he escuchado quejarse de sus vidas y que cometen el error de comparar sus logros con el de los demás, pero ya en este libro he dejado varias pistas de lo que sucede cuando hacemos eso, así que prefiero darle un giro a este tema. Hay cosas más importantes por resaltar.

Cuando tenía diecinueve años y empecé a dar charlas de motivación, muchas de las personas que las escuchaban suponían una misma cosa: tenía una vida perfecta y como estaba motivando a otros era muy difícil que requiriera algún tipo de motivación. Se me acercaban para decirme esas cosas y elogiar, con creces, mi trabajo. Aunque siempre he estado agradecido por los reconocimientos que recibo, hasta el día de hoy no he estado de acuerdo con el planteamiento que a veces se hace respecto a mi vida «perfecta» y sin necesidad de motivos para querer seguir adelante.

Lo cierto es que como todo ser humano, yo también requería seguir reforzando muchas áreas de mi vida y puede que no me falte motivación para emprender nuevos proyectos o ser un buen profesional, en ese momento, pero sí me faltaba trabajar y madurar en otros aspectos. Puede parecer irónico, sin embargo, en cada charla que impartía veía la oportunidad de motivarme a mí mismo y al mismo tiempo las usaba como un impulso para lograr algo más.

Personalmente considero que es un error poner en un pedestal a las personas que, de alguna manera, con su mensaje o actuaciones, generan un impacto directo en un segmento de la sociedad. Creer que no cometen errores y que al lograr algo significativo están exentos de actuar como seres humanos, sólo provoca desencanto—y muchas veces lleva a la decisión de romper las creencias que se tienen sobre algo en particular—, cuando se descubre que una de esas personas hizo algo incorrecto. Eso lo vemos frecuentemente con artistas, conferencistas, escritores, actores, políticos y líderes religiosos.

Imaginemos por un momento lo que sienten esas personas que por sus logros son reconocidas por masas y a pesar de haber hecho algo positivo, que de alguna forma tiene influencia en el mundo, a partir del hecho son perseguidos constantemente por un grupo de «seguidores» que sólo esperan un pequeño error humano para juzgar y encasillar a quien sin darse cuenta se convirtió en víctima de su propio logro. ¿Acaso todos tienen la capacidad de aguantar la presión de sentirse condenados a no cometer errores por el simple hecho de que en algún momento eso los lleve a «contradecir» sus palabras?

Poco es lo que parece y me incluyo al decir que sin importar todo lo que podamos hacer para tener algún tipo de influencia en el mundo y, quizás, generar cambios en algún tipo de comportamiento, más allá de todo lo que podamos escribir o decir sigue estando nuestro lado humano, esa naturaleza de pecadores con la cual nacimos y que, al igual que muchos, luchamos para mantener en equilibrio. La perfección no existe y hasta el último de nuestros días seremos propensos a equivocarnos, sin que eso tenga necesariamente que afectar lo bueno que hayamos logrado en la vida.

Hace un tiempo escuché a alguien decir "los médicos también se mueren" y resaltaba el hecho de que muchas personas los consideran héroes cuando salvan una vida y a pesar de eso son tildados de negligentes si cometen el mínimo error. Es increíble, pero sí, muchas personas piensan que no se pueden enfermar, que debido a su preparación no deberían cometer errores y mucho menos morirse por temas de salud. Lo cierto es que tal y como dijo aquel autor, los médicos también se mueren, el conferencista también recibe charlas, el escritor debe leer a otros autores, el consejero recibe consejos, el actor aprende de otros actores y de esa misma forma, muchas de las personas que hoy admiras están viendo el ejemplo de alguien más para seguir formándose, creciendo, porque repito, siguen siendo humanos, seres imperfectos que en cualquier momento podrían cometer algún error, aunque no lo deseen.

Ya he escrito sobre esto antes, en mi otro libro, y sigo deseando que cada persona tenga la oportunidad de cumplir alguno de sus sueños, salir de la monotonía y no limitarse únicamente a admirar la vida de los demás y seguir todo lo que hacen, sin tomarse el tiempo para aprender de sus procesos y luego, aplicando lo que les funciona, lograr emprender sus propios proyectos y servir de inspiración para otros.

El «problema», a mi entender, es que muchas veces las personas se enfocan en el resultado final y se olvidan de preguntar u observar todo el proceso que hay detrás de las cosas. Refiriéndome a las charlas que menciono unos párrafos atrás, podría decir que si en ese momento alguien me hubiese preguntado cuánto tiempo me tomó prepararla, incluyendo la escritura del contenido, diseño de las dinámicas, prácticas y mediciones de tiempos, entonces le habría dicho que tardé al menos tres meses quedándome tres días a la semana en la biblioteca de la universidad para trabajar en ello. También le habría contado sobre las veces que una charla no me salió como esperaba, porque se me olvidó el contenido, me salté el orden o tuve una audiencia difícil de manejar.

Si recibía esa sencilla pregunta, también le hubiese contado sobre todas las críticas que recibí de algunas personas, entre ellas el hecho de que consideraban absurdo que presentara esas charlas sin ningún beneficio económico. A ellos le resultaba difícil entender que alguien «regalara» su tiempo y esfuerzo a cambio de «nada». Claro que ninguno de esos críticos se acercó para preguntarme la razón por la que elegí hacerlo así, y aunque lo más lógico sería explicarlo aquí, seguiré esperando que alguien me lo pregunte.

Quiero destacar que soñar no es suficiente, es sólo el inicio. Es donde nace el deseo de emprender y salir adelante. Antes de lanzarse hay que considerar algunas cosas que a veces ignoramos, así que cuando veas que una persona ha logrado algo, pregúntate o pregúntale acerca de todo lo que tuvo que sacrificar para llevarlo a cabo, las horas que invirtió, las comidas que se saltó y las veces que, entre tanto, no descansó. Eso te hará ser consciente de que no es fácil, pero el sacrificio vale la pena cuando empiezas a ver los resultados.

Inicié este texto poniendo el ejemplo de la señora que vende té y luego cambié el enfoque porque, aunque es preocupante ver que una persona evalúe la vida de otros según lo que publican en las redes sociales, me preocupa más ver a muchas personas convertidas en fanáticos extremistas, hasta el punto de que es dañino. Repito, hace mucho daño ver a alguien como un ejemplo a seguir, con la idea de que no se puede equivocar y dependiendo de qué tan profunda sea nuestra convicción, podría llegar a afectarnos seriamente.

Lo digo una vez más, poco es lo que parece. Por favor evita crear ideas sobre cosas que no entiendes. Antes de emitir algún juicio procura hacer las preguntas correctas. Evita seguir a personas con un nivel de entrega que pueda afectar tu personalidad y donde puedas perder tu esencia, que es lo más importante, por defender las ideas o acciones de alguien que, quizás, no conoces.

Detrás del telón ocurren muchas cosas que quizás no conoces y que en caso de hacerlo podrían asustarte. Cada persona, incluyéndome, está llevando sus propias batallas y aunque a algunos se les haga más fácil «ganar», no significa que en algún momento puedan perder y requerir apoyo para dar el siguiente paso. Es momento de reflexionar y saber que cada ser humano, que así lo decide, vive en un constante proceso de transformación, lucha con sus propios «demonios» y si elige compartir contigo algo que aprendió, valora eso y si ves que se cae, no lo juzgues, pon tu granito de arena y ayúdalo a levantarse.

¡Gracias por acompañarme en esta aventura!

Puedes ponerte en contacto conmigo a través de mi cuenta de Instagram **@wtave**, donde de vez en cuando comparto algunas frases y reflexiones que te podrían gustar.

- El agua y otros recursos naturales se están agotando, por favor sé parte del cambio y cuida el planeta. Nos necesita.
- En el contenido de este libro se encuentra escondido un **SECRETO**, si buscas bien lo vas a descubrir.
- Este libro fue revisado por un ser humano imperfecto, así que puede contener errores. Si encuentras alguno repórtalo y su corrección será considerada en la próxima edición. Gracias.

Entra, **vota por una necesidad de tu país,** mira los resultados y **comparte** con los demás. Tu opinión es importante.

https://watchmyneed.com

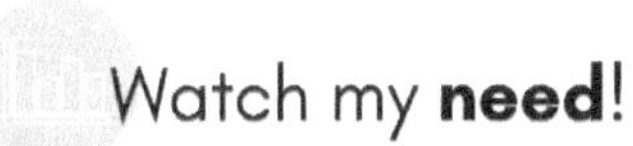

Descifrar el secreto es una tarea tuya, así que no te molestes en preguntarme cuál es o dónde está.

No importa que tan pequeño parezca, si es tu sueño debes cumplirlo y no dejar de intentarlo hasta verlo hecho realidad.